jean-jacques

CARINE HAZAN

jean-jacques

ROMAN

HarperCollins
TRAVERSÉE

HARPERCOLLINS FRANCE
83-85, boulevard Vincent-Auriol, 75646 PARIS CEDEX 13
Tél. : 01 42 16 63 63

www.harpercollins.fr

ISBN 979-1-0339-0687-2

Cette œuvre est une œuvre de fiction. Notamment, les échanges avec le personnage de « Jean-Jacques Goldman » sont purement fictifs. Les noms propres, les personnages, les lieux, les intrigues, sont soit le fruit de l'imagination de l'auteur, soit utilisés dans le cadre d'une œuvre de fiction, sans lien avec la réalité. Toute ressemblance avec des personnes réelles, vivantes ou décédées, des entreprises, des évènements ou des lieux, serait une pure coïncidence.

À Anouk et Oren, à Marco et mes parents.
Et à Jean-Jacques Goldman.

« Je vous dirai ma vie dans son nu le plus blême
Dans les matins pâlis où plus rien ne protège
Je vous dirai mes cris jusqu'aux plus imbéciles
Je vous livrerai tout jusqu'au bout de mes cils. »

JEAN-JACQUES GOLDMAN,
Je ne vous parlerai pas d'elle.

Ces événements purement fictionnels se déroulent lors des derniers mois au cours desquels Jean-Jacques Goldman a peut-être résidé à Marseille, soit entre mars et août 2016.

1

Une maladie étrange

Je déteste les ados. Tout ce qui se publie ou se filme à la gloire de leurs premiers émois sexuels ou de leur soi-disant quête d'absolu me laisse de marbre. En lieu et place de la fraîcheur de la jeunesse, je ne vois que décisions ineptes prises par des lobes frontaux inachevés et des corps bombardés de gonadotrophines. Cette idéalisation de l'adolescence comme terreau de la liberté me fait bâiller d'ennui et je n'éprouve ni regrets ni nostalgie pour ce fumeux paradis perdu. Mon adolescence n'échappe d'ailleurs pas à la règle ; cette période de ma vie ne vaut guère mieux que le pus d'un bouton d'acné giclant sur un miroir et, quand j'y pense, j'en rougis d'embarras. Certes, à l'époque, j'étais plutôt sage : je ne buvais pas, ne me droguais pas, ne couchais pas et ne roulais jamais sans casque ; je regardais des films en technicolor en fumant des blondes et en mangeant des pépitos. Mes décharges hormonales n'en étaient cependant pas moins intenses que celles de mes congénères et, à défaut d'exulter dans un excès trop visible, leur foudre muta en une maladie étrange qui se résume en trois mots fâcheux : Jean-Jacques Goldman.

Je sais, je n'ai aucune excuse. Née de la génération de Bowie, des Stones, de Prince et de Michael Jackson, et alors que mes parents écoutaient Stevie Wonder, Nina Simone, Brassens et Barbara, j'ai éprouvé ce délabrement psychophysiologique temporaire qu'est l'adolescence en m'entichant d'un chanteur aussi érotique qu'un éclairage de supermarché. Jean-Jacques Goldman fut ma crise d'ado à moi. Et j'étais ce qu'on appelle une fan.

Quand je dis fan, je veux parler de cet état de fièvre qui m'habitait avant un concert, et qui culminait dans un cri vibrant et désespéré que je lançais depuis la fosse du Zénith de Paris, lorsque l'heure tragique de la séparation approchait. « Jean-Jacques, je t'aime ! » Oui, plusieurs fois dans ma vie j'ai crié « Jean-Jacques-je-t'aime ». Cruauté du dérèglement hormonal. À quatorze ans, je décrétai qu'*Au bout de mes rêves* était ma chanson préférée de tous les temps et que, corollaire naturel, Jean-Jacques Goldman était mon chanteur préféré à jamais. Et pour l'éternité.

Assister à ses concerts était pour moi synonyme de retrouvailles amoureuses, je m'y préparais comme Emma se prépare avant de retrouver Rodolphe dans la forêt, avec un côté bonne élève en plus car je révisais toutes ses chansons et écrivais un nouveau poème à sa gloire dans mon journal intime.

Le jour J, j'arrivais tôt – et m'étonnais toujours de cette longue file d'attente qui me précédait : en existait-il donc de plus transis que moi ? –, puis, lorsque les portes s'ouvraient, je me faufilais au premier rang de la fosse, yeux brillants et cœur battant, guettant la scène jonchée d'instruments inanimés à cette heure encore précoce. Et j'attendais. J'attendais que la lumière s'allume et éclaire la scène et ma vie. Lorsque enfin Jean-Jacques entrait, mon rythme cardiaque s'accélérait encore et je savais qu'à partir de cet instant chacune de mes émotions accéderait à un seuil inédit d'intensité.

À ma décharge, je n'étais pas un cas isolé : Goldman remplissait les salles plusieurs mois par an, vendait des millions de disques et passait un samedi soir sur cinq sur *Champs-Élysées*. Mais c'est au sein de mon entourage que mon cas se faisait rare. Je plongeais mes proches dans la perplexité : ainsi, voilà à quoi je consacrais la fleur de ma jeunesse. Je me consumais d'amour pour un maigrichon à voix de chèvre. Alors que les génies m'attendaient, sexy, groovy et bras ouverts, dans les bacs jazz et soul de la Fnac… C'était insensé. Certains même s'inquiétaient : daignerais-je un jour m'intéresser à la *vraie musique* ou mes neurones grilleraient-ils définitivement au son d'un regrettable solo de guitare de Michael Jones ? D'autres temporisaient : c'était une phase, une vilaine grippe, une manie qui me passerait, comme on arrête de sucer son pouce ou de se déguiser en Spiderman.

Pour me laver le cerveau et les oreilles, mes copines me firent écouter Ella Fitzgerald, João Gilberto, les Rita Mitsouko, l'*Histoire de Melody Nelson*… J'appréciais, j'adorais même, d'ailleurs, ça me rappelait une chanson de Jean-Jacques et j'y allais de ma petite exégèse enthousiaste et pénible, avant de dégainer à la vitesse de la lumière le 45-tours de *Je marche seul*. J'étais pressée de jeter des ponts entre Goldman et le reste de la création musicale interplanétaire, afin que le monde sache enfin. Dans le meilleur des cas, je me heurtais à un refus ferme et poli, dans le pire, à une fin de non-recevoir. Je précise que dans le lycée parisien chic où j'avais débarqué en milieu de cinquième, au hasard des pérégrinations de mes parents en perpétuel exil, mon goût pour Jean-Jacques trahissait, corollaire d'un certain « goût de classe », un début d'éducation dans un arrondissement plus populaire (et je ne cherche pas à justifier ici ma pathologie par une quelconque excuse sociale qui n'aurait aucun sens, je précise simplement le contexte qui participait à mon isolement).

Mes copines de lycée n'étaient cependant pas les seules à vouloir me guérir. Mes parents étaient eux aussi atterrés. Et lorsque certaines bonnes âmes s'aventuraient à les consoler, elles empiraient les choses. « Elle aurait pu se droguer, se prostituer ou aimer la musique celtique... » (Goldman était encore très loin de sa difficile période tout en flûtiaux celtes et cornemuse.)

Mes parents piaffaient : non, ça ne pouvait pas être pire. J'étais trop sage, trop lourdaude, trop raisonnable, il fallait prendre des mesures. Et si je m'obstinais à évoquer encore devant eux Jean-Jacques en alexandrins, je finirais chez un psy.

C'est ainsi qu'entre treize et seize ans, mon premier et étincelant amour de jeunesse devint une passion secrète et clandestine, pour ne pas dire honteuse. Les brassées de paillettes et de joie, qui accompagnent habituellement à l'autel les unions les plus désirées, se firent discrètes étoiles phosphorescentes accrochées à la solitude de mon plafond imaginaire.

Sur un mur de ma chambre d'adolescente, j'avais scotché une immense affiche d'*À bout de souffle*, de sorte que mon amour pour Goldman fût indétectable à l'œil nu. Cela dit, dans mon antre, j'étais en droit de punaiser d'horribles posters de Jean-Jacques fixant l'objectif de son regard grave et clairvoyant, et personne n'aurait rien eu à objecter. J'ai d'ailleurs tenté plus d'une fois, de retour d'un concert, de coller des photos de lui au-dessus de mon lit mais, à les trouver au petit matin, inertes et définitives, je ne tardais pas à les décrocher d'un bras rageur avant de les ranger au fond d'un tiroir. Mon lien avec Goldman ne se résumait pas à une stupide photo fixée au mur ! Comment un misérable morceau de papier glacé pouvait-il prétendre illustrer, contenir, incarner, activer l'intensité de mes sentiments pour lui et pour ses chansons ?... Il faut dire que Goldman, pour moi, c'était vaste. Un copain, un ami, un cousin, un voisin, un amant, un ex-amant, un petit ami rêvé, un homme en somme, sympa et toujours disponible, ni icône ni idole, un M. Tout-le-monde qui avait poussé la sincérité au point de conserver son double prénom si peu flamboyant, et qui portait ses invariables jean et T-shirt à manches longues avec la raideur touchante des mauvais danseurs et l'élégance des silhouettes naturellement sveltes. Il était sérieux, Goldman, il dénonçait de vrais maux, évoquait de vrais désirs, posait de vraies questions, il saisissait les menus détails de l'existence, la fragilité des heures et nos vies par petits bouts, il ne voulait faire rêver personne mais simplement éclairer la réalité à la lumière de ses chansons toujours lucides et responsables.

À quel moment mon amour pour lui a-t-il basculé ? J'avais seize ans, ça m'a surprise dans la fosse du Zénith, un sentiment intense et douloureux où je me suis vue, minuscule point lumineux chantant parmi des milliers d'autres minuscules points lumineux, briquet brûlant brandi vers le ciel, entonner *Confidentiel* en pleurant. *Je voulais simplement te dire que ton visage et ton sourire resteront près de moi, sur mon chemin*… Il était là, sur la scène, acclamé, adulé, des milliers de paires d'yeux tournées vers lui, si proche et cependant inaccessible, tandis que je me savais condamnée à jamais à l'invisibilité. Ma douleur était abyssale, une morsure au cœur qui littéralement me consumait. Notre amour – je le réalisai brusquement – était impossible, et continuer d'y croire menaçait d'être une source perpétuelle de souffrance. Les jours qui suivirent, dans un élan de clairvoyance qui me surprend encore aujourd'hui, je décidai de tout arrêter. Net, d'un coup, clac, terminé, chansons, disques, concerts, albums… Rideau ! Je ne l'écouterais plus, je n'achèterais plus ses albums, je n'irais plus le voir sur scène, je ne le chanterais plus. Et c'était non négociable, Jean-Jacques allait sortir de ma vie et moi de la sienne.

Et il en fut ainsi.

Cependant, comme dans n'importe quelle rupture où les anciens amants habitent la même ville et conservent des relations communes, il y eut entre Jean-Jacques et moi des rencontres fortuites. À plusieurs reprises, à l'occasion de soldes dans des boutiques branchées en continu sur Chérie FM ou RTL2, je tombais par hasard sur une de ses chansons. Alors, soudain inondée d'un bonheur imprévu, je m'en enivrais comme d'une pluie miraculeuse après des mois de sécheresse et je restais là, fredonnante et béate face à une rangée de vêtements sur cintres que je faisais défiler sans les voir, en priant pour que ces courtes minutes de joie secrète ne s'arrêtent jamais. Mais bientôt une chanson sans relief lui succédait. Alors je repartais, sourire aux lèvres, encore ivre de ce shoot impromptu, pleine de gratitude pour la vie et ses surprises. Hélas, on n'offre pas une coupe de champagne à une ancienne alcoolique. Et à ces rencontres accidentelles succédaient souvent une ou deux soirées de rechute, toujours clandestines, toujours solitaires, raison pour laquelle mon expertise officielle s'arrête à l'album *Traces* (1989), mais l'officieuse connaît par cœur l'album *Fredericks/Goldman/Jones* sorti un an plus tard. Heureusement pour moi, avec les années, la plupart de ses productions (ses chœurs de l'Armée rouge, ses chansons pour *Astérix* et Céline Dion, ou encore cette très inattendue période celte donc) me confortèrent dans l'idée que j'avais bien fait de le larguer : il vieillissait mal et, à son insu, me facilitait la tâche. Les rechutes s'espacèrent jusqu'à bientôt disparaître tout à fait.

Sans le vouloir, en grandissant, je côtoyai des personnes particulièrement érudites musicalement, de celles dont on pouvait qualifier le goût de « sûr » et auprès desquelles je me faisais l'effet d'une imposture. Grâce à elles, patients et généreux professeurs, je découvris des mondes. Le jazz, Schubert, les fanfares de soul, les concerts au New Morning, au Bataclan, au Trianon, l'opéra, le funk, le rock, Rachmaninov... J'explorais tout avec délice et, il en allait de ma survie en société, je taisais plus que jamais mon passé de fan de Spider-Goldman. Car comment ces amis bobos si chers à mon cœur auraient-ils pu le comprendre ? À leurs yeux, il était impossible de n'être ni tout à fait inculte ni tout à fait stupide et d'aimer ou d'avoir aimé Jean-Jacques Goldman. J'étais d'ailleurs d'accord avec eux, ma liaison passée me semblait aussi incongrue que celle d'un bulot avec une poule et, si malencontreusement il m'arrivait d'entendre quelques chansons de Goldman « à froid » (entourée justement de quelques personnes au goût « sûr »), je sentais bien que ce n'était pas, et ne serait jamais, *de la bonne musique*.

Et pourtant. Pourtant, malgré toutes mes explorations musicales, la simple évocation de Goldman continuait d'allumer secrètement, à l'intérieur de moi, une douche de lumière au-dessus d'une petite scène de chapiteau sur laquelle il entrait, avec chaise et guitare, et, tout en s'installant, me demandait de sa voix paisible quelle chanson de son inépuisable répertoire me ferait plaisir. J'avais beau m'évertuer à le trahir, il demeurait l'ami discret et fidèle qui avait su rendre compte de la complexité du monde en y insufflant cette dose d'espoir qui, adolescente, me réchauffait tant ; lui et ses chansons avaient bâti, au milieu de mes fragiles moments, un refuge inviolable. Ne m'en déplaise, je n'ai plus jamais ressenti avec un autre musicien ce même déchirement, cette même intimité blessée, cette écorchure d'amour triste et enveloppante qui me frappait à l'époque de mes quatorze ans lorsque j'écoutais *Pas toi. Quoi que je fasse, où que je sois, rien ne t'efface, je pense à toi…* Énigme de nos goûts et de nos penchants, jeu social et bienséance, j'ai poursuivi sans gloire cette double vie intérieure. Et j'ai même, un soir, foulant aux pieds le souvenir de l'ado sincère que j'étais, évoqué avec sarcasme, et uniquement pour amuser la galerie, mes années à l'écouter. Le procédé manquait d'éclat, certes, mais je compris plus tard qu'il m'avait alors permis de lâcher du lest car, et pour la première fois, je mentionnais publiquement son nom et les faits qui m'étaient reprochés, soulageant un peu de ce secret qui, avec le temps, était devenu de plus en plus lourd à porter.

Combien de fois – j'ai cessé de les compter –, alors que j'applaudissais à tout rompre un moment musical d'une rare intensité à la fin d'un exceptionnel concert de jazz, me suis-je humiliée toute seule en me posant intérieurement la lancinante question : y avait-il quelqu'un dans la salle qui aimait, avait aimé ou, hypothèse improbable, aimerait Jean-Jacques Goldman ? Se serait alors levé un bras timide et embarrassé. Un seul. Le mien.

Les années ont passé et, à deux, trois rechutes près, je l'ai oublié. Parfaitement, oublié. Certes il y eut ce jour marquant où j'appris qu'il avait épousé en secondes noces une de ses fans et la morsure au cœur réapparut intensément un instant. Ainsi une jeune femme, elle aussi minuscule point lumineux parmi des milliers d'autres, avait eu l'audace de prétendre être vue et aimée de lui et y était parvenue. Mon cœur se serra plusieurs longues minutes puis, dans un sursaut, et avec la même détermination que celle de mes seize ans, je me ressaisis et dissipai bientôt toute jalousie et tout regret. J'étais censée être guérie de lui depuis si longtemps.

Il y eut des heures, des jours, des années toutes entières dédiées à ne plus penser à Jean-Jacques Goldman. Et puis je rencontrai le futur père de ma fille. Nous étions en pleins préparatifs de mariage lorsque je mentionnai pour la première fois devant lui, et sur un ton badin, ma passion passée pour Jean-Jacques. Nous étions censés tout nous dire et j'étais loin d'imaginer que, pour cet adepte de free jazz et de rock anglais, la révélation que je venais de faire pût constituer un potentiel motif de divorce. Je le vis me regarder avec inquiétude : étais-je sérieuse ? Comment pouvait-on ainsi se perdre ? Et qui étais-je vraiment, moi, cette femme qu'il était sur le point d'épouser ? Je trouvai sa réaction un peu vive mais, au fond, je pouvais la comprendre. Alors telle une toxicomane abstinente, je le rassurai : tout ça, c'était du passé, il n'avait plus rien à craindre, je ne l'incommoderais jamais en fredonnant du Jean-Jacques en public, je lui en faisais la promesse. Il sourit, soulagé. Je devais sans doute posséder à ses yeux d'autres qualités qui compensaient ma faute car, bientôt, je quittai Paris pour le rejoindre et m'installer avec lui à Marseille.

Marseille. Cité de mon exil tardif et amoureux, source sans fond de mon désespoir. Alors que je m'étais juré de ne jamais rien sacrifier au genre masculin, voilà qu'à trente-sept ans j'abandonnais ma ville pour un homme. Ma ville, mon rocher, Paris. Paris qui m'avait vue naître, Paris dont la simple existence me rappelait favorablement chaque jour à la mienne et m'en offrait la preuve tangible – et cette démonstration était devenue, au fil des ans, aussi essentielle à calmer mes doutes que l'air que je respirais. Or, à peine débarquée à Marseille, je m'en voyais abruptement dépossédée. Marseille me privait de moi-même. Dans cette ville qui ne serait jamais mienne, j'étais un poisson hors de son bocal, décoloré, misérable, snob et réac, fustigeant le manque de salles de cinéma et d'expositions, trouvant tout sale et moche, maudissant le vent qui soufflait particulièrement fort les jours de grève des poubelles, pestant contre cette soi-disant deuxième ville de France immuablement engluée dans son caractère provincial, résistant à elle comme on résiste à une jolie fille un peu vulgaire mais cependant attachante et qui ne s'offre pas mais qui, j'allais peu à peu le comprendre, se mérite.

Le soir de mes quarante ans, nous étions installés dans cette ville depuis quatre cent vingt-huit jours et j'étais enceinte d'environ six mois lorsque mon compagnon me dit sur le ton le plus anodin possible :

— Si tu veux, pour ton anniversaire, je peux te faire rencontrer Jean-Jacques Goldman. Tu sais que c'est notre voisin ? À vol d'oiseau, il habite à moins d'un kilomètre de chez nous…

Il venait de l'apprendre, Goldman était récemment devenu marseillais… Soudain le temps se figea, l'air se fit liquide, les années d'amnésie forcée fondirent comme neige au soleil, les voûtes célestes percèrent au-dessus de moi un morceau d'infini, mille papillons bleu et jaune jaillirent devant mes yeux incrédules, de lourdes portes s'ouvrirent, rais de lumière éblouissante, trompettes et harpes radieuses, l'évocation inespérée venait de rendre possible la rencontre divine. Pour les amoureux véritables, il n'y a pas de hasard. Goldman était venu vivre à Marseille, *comme moi*. S'y était-il installé pour me consoler de mon douloureux exil ? M'avait-il suivie pour me soutenir dans l'épreuve ? Se rapprochait-il de moi pour m'envoyer un signe réconfortant ? Près d'un quart de siècle plus tard, je laissai éclater ma joie, bondissant littéralement à la perspective de ce cadeau prodigieux, et remerciai avec une gratitude inédite mon compagnon pour son idée surnaturelle. Je le vis ravaler un rire gêné. Il blaguait. Bien sûr. Silence. Les particules d'air soudain se densifièrent, et toute once d'humour et de couleur disparut. J'étais scandalisée, et refusais d'admettre que le futur père de mon enfant fût capable d'une telle cruauté. Comment avait-il pu, comment avait-il osé plaisanter sur un tel sujet ?! Je préférais considérer sa pitoyable farce comme une marque d'inconscience et lui demandai de ne plus évoquer le chanteur devant moi. Face à ma déception, une lueur amusée traversa son beau regard, et je compris plus tard qu'il avait mis mon indignation sur le compte du second plus important bouleversement hormonal qu'une femme puisse jamais éprouver après celui de l'adolescence : le cataclysme de la grossesse. Nous ne reparlâmes jamais de cet épisode aussi céleste que décevant.

Puis ma fille est née, faisant fleurir autour d'elle ces joyeuses soirées à écouter des airs de musique en famille et à chanter et danser ensemble. Et là, de façon de plus en plus régulière, après les morceaux sélectionnés par mon compagnon – Stevie Wonder, The Mamas and the Papas… –, puis ceux choisis par ma fille – Anne Sylvestre, *La Reine des neiges…* –, à mon tour, je choisissais des morceaux sur YouTube, et leur passais immanquablement une chanson de Goldman. Et, chose incroyable, j'assumais. Ma récente condition de mère m'avait-elle affranchie des faux-semblants bienséants que j'avais faits miens pendant toutes ces années ? Étais-je enfin en mesure de m'accepter pleinement, moi et mon passé honteux ? À présent que je consacrais du temps à l'éducation de mon enfant, m'émancipais-je de l'injonction de grandir et de m'éduquer jusqu'à la fin des temps, m'autorisais-je enfin un peu de divertissements ? Quoi qu'il en soit, les mois, les semaines, les jours passèrent et les signaux que j'émettais viraient de plus en plus au rouge, m'alertant sur des faits que je ne pouvais plus longtemps occulter : j'avais vécu toutes ces années en état de manque quasi permanent. L'étrange maladie ne m'avait jamais quittée.

2

Bas les masques

Ces temps-ci, je dois avouer qu'il m'est de plus en plus difficile de me faire passer pour une autre.

L'autre soir, je dînais chez des amis qui avaient préparé un plat japonais particulièrement délicat : du bœuf en lamelles sauté au wok, arrosé d'un jus de thé vert grillé. Afin de savourer l'audacieuse combinaison, tout le monde s'était servi les condiments et accompagnements divers sur une assiette à part. Tout le monde, sauf moi. Moi, je mélangeai tout dans mon bol, écrasant au passage la subtile saveur du thé vert grillé à coups de sauce soja aillée prévue pour assaisonner les légumes. Personne ne le remarqua autour de la table, cependant je compris. Je compris que j'étais décidément un éléphant dans un magasin de porcelaine japonaise, et que mon goût si peu sûr s'échappait par volutes incontrôlables de chacun de mes gestes, comme autant de signaux de fumée sioux prévenant de l'attaque imminente du vulgaire au royaume de la dentelle et du papier bible. Quelques jours plus tôt, à l'occasion d'une soirée marseillaise où l'extrême gauche militante était sans grande surprise surreprésentée, j'avais lâché mon net penchant pour la fiction plutôt que pour le genre documentaire, arguant que tous ces cinémas du réel m'ennuyaient prodigieusement, quand bien même je leur reconnaissais des vertus politique, sociale ou pédagogique. Moi, j'avais besoin d'imaginaire comme on a besoin d'oxygène, et les fantasmes des autres nourrissaient mon espoir et mon petit cinéma intérieur. Oui, c'était bel et bien dégustée à la sauce fellinienne que la vie me paraissait digne d'être vécue et je n'aspirais qu'à une chose : articuler mes rêves et goûter ceux des autres. Mon amour de la fiction m'avait d'ailleurs conduite sur le chemin périlleux de scénariste de télévision, curieuse condition qui avait fini par grignoter chaque jour un peu plus mes réserves d'énergie, les conseillers de programmes des chaînes hertziennes ayant achevé de détruire mes désirs de récits à coups de desiderata calibrés et attendus. Ils voulaient « des histoires fortes, avec des enjeux forts, des personnages attachants, et des vrais méchants » qu'ils adoreraient détester.

Une façon de réduire le spectre des récits possibles, ce qui me rendait par intermittence ricanante ou sincèrement triste. Certes, j'étais la première spectatrice enthousiaste de cette fiction que parfois j'écrivais. Cependant j'aimais aussi les frêles histoires faites de petits détails, de gestes furtifs, de soupirs rentrés, de sourires hésitants qui tiennent lieu de révolte, de toutes ces bricoles minuscules et immenses qui laissent au spectateur le soin de se raconter sa propre histoire. Si bien que, hormis quatre courts-métrages de cinéma pas complètement ratés et deux courtes pièces radiophoniques assez amusantes que j'avais commis, le reste de mes contributions audiovisuelles dérivait dans un no man's land artistique qui me laissait, c'était selon, fière ou pantoise. Mais je digresse et, ce soir-là, au diable les nuances, j'y étais allée de mon couplet sur la puissance de l'imaginaire. Au sein d'un auditoire majoritairement constitué de travailleurs sociaux et de producteurs de films documentaires aussi fauchés que passionnés, mon emballement jeta un froid. Mais ce nouveau pavé dans la mare devait m'ouvrir définitivement les yeux : oui, j'aimais les histoires qui n'existaient pas en vrai et, oui, j'aimais mélanger un délicat jus de thé vert grillé avec de la sauce soja trop salée, et encore oui, je vivais pour arracher à la réalité quelques bribes d'espoir, et quatre fois oui, alors que Bowie venait de nous quitter dans la fleur de son inaltérable puissance sexuelle, je ne le pleurais pas comme je pleurerais par un jour funeste la disparition du chanteur le moins glamour de la planète. Tous ces récents lapsus étaient autant de déclarations d'intention et je comprenais que l'étrange maladie avait, au fil des ans, contaminé l'ensemble de mes comportements. Une colère en entraînant une autre, je pensai à mes quarante-quatre ans qui pointaient et à ma frustration grandissante à me reprocher sans cesse d'être celle que je n'avais jamais tout à fait cessé d'être. Combien de jours et d'heures allais-je encore devoir éprouver avant de me foutre un peu la paix ? Combien de semaines pour cesser de m'enterrer comme je l'avais fait pendant toutes ces années avec la force de l'habitude ? Combien de mois pour me rencontrer enfin et faire la paix avec cette autre moi-même que j'avais pris soin d'ignorer et de maltraiter dès son premier souffle ? Combien d'années, enfin, avant de me dévoiler à moi-même et au reste du monde ? À quarante-quatre ans, je m'en souviens, ma mère se plaignait, la mère de ma mère se plaignait, et sans doute la mère de la mère de ma mère se plaignait elle aussi, à moins qu'elle ne fût déjà morte en couches. La plainte, forme larvée et sans charme de la dépression, avait grignoté les vies de toutes les femmes avant moi, mais moi, je ne voulais plus me plaindre, ni de ma vie, ni de mon exil marseillais, ni de mes goûts contrariés. Je préférais encore affronter une franche dépression pour que les lignes bougent. Et je comprenais que je devais, entre joie et regret coupable, trahir toutes ces femmes avant moi et les éclabousser un de ces jours prochains de mon bonheur durement gagné. Et pour cela, je n'avais pas trente-six chemins possibles : il me fallait cesser de me faire passer pour une autre et renouer au plus vite avec la source de mon être. Rage après rage, porte après porte, voile après voile, tel un vestige de naufrage surgi du fond des eaux, le cadeau manqué de mes quarante ans sortit de sa boîte à ressort. Rencontrer Jean-Jacques Goldman, mon *voisin* à Marseille, partir à sa recherche dans les rues de mon exil, étaient autant de réponses possibles, autant de perspectives structurantes et vastes de refondation, et au nom de quoi devais-je attendre après mon compagnon pour m'autoriser cet espoir-là ?... Histoire que la réalité ressemble à une jolie chanson, histoire de donner un peu de sens à mes vaines agitations, histoire de mettre un semblant d'ordre dans ma vie et de boucler une vieille boucle oubliée, histoire aussi d'offrir un récit solide et charpenté à mon existence et d'y créer de fluides résonances entre passé et présent, histoire enfin de m'extirper du sillon plaintif creusé par la lignée de femmes avant moi, oui, plus j'y pensais, plus c'était une évidence : la perspective de chercher – et peut-être de trouver – dans cette ville très largement responsable de mon déracinement dépressif, l'amour clandestin et blessé de ma jeunesse, agirait comme un baume providentiel et réparerait trois blessures d'un coup. Celle d'un douloureux exil incompris de tous, à seulement trois heures vingt de Paris, celle d'une vieille histoire d'amour mal réglée et moquée, celle d'une négation de moi-même pendant plus de quarante ans.

Afin que mon projet ne se perdît pas dans les molles sinuosités de mes pensées fuyantes, je décidai de le fixer sur un support concret : je filmerais ma quête et mon enquête, et toutes mes errances, comme le dirait Jean-Jacques. Le support filmique agirait comme un catalyseur de réalité, il transformerait mes angoisses et mes doutes en images bien réelles, projetables et partageables. Certes, il s'agirait d'un documentaire, mais d'un documentaire qui, loin de glorifier le réel, laisserait au contraire une large place aux frustrations d'une ex-midinette éternellement malade de ne pas vivre de l'autre côté du miroir et qui, par ce geste de film aussi définitif que désespéré, tenterait de le briser et de mettre en présence deux mondes qui ne se rencontrent plus que dans les films de Christopher Nolan. Un documentaire par essence inscrit dans le réel et pourtant à la gloire de l'imaginaire. Et cet ultime paradoxe viendrait soigner une quatrième blessure : celle de mon allergie à la réalité. Bien sûr, dans mes mauvais jours, je percevrais ce film en train de se faire comme la quête complaisante d'une personne que la sagesse des années n'atteint décidément pas ; cependant ce projet pourrait aussi, par sa seule mise en œuvre, réussir à faire taire les voix intérieures qui sévissent précisément ces mauvais jours-là. Alors ma décision est prise, se sédimentant un peu plus dans chacun de mes réveils marseillais : l'accomplissement tardif – ou tout au moins sa tentative – d'un rêve ancien transformera, je le pressens au plus profond de mes cellules, mon expérience du réel et m'ancrera enfin dans un espace-temps apaisé et ami.

Dans trois mois exactement, j'aurai quarante-quatre ans, ce qui me laisse trois mois pour rencontrer Jean-Jacques. Trois mois pour réécrire mon histoire en film et en chansons. Et je suis plus décidée que jamais. Car *même si l'on m'arrête, ou s'il faut briser des murs, en soufflant dans des trompettes, ou à force de murmures.* J'irai au bout de mes rêves.

Si bien qu'hier matin je suis partie m'acheter une caméra. La moins chère, avec une seule focale et un objectif facile à manipuler. J'ai l'intention de filmer simplement, sans filtres, en lumière naturelle et avec la même focale (en vérité, je n'ai pas le choix). J'irai chercher Jean-Jacques dans les quartiers chics et arborés, si peu associés à Marseille, que j'arpenterai et depuis lesquels je démarrerai mon enquête. J'ai déjà quelques pistes. Celle d'un vieux camarade de promo susceptible de me fournir les coordonnées de l'agent de Goldman, celle d'une amie de lycée, nièce de son ancien directeur artistique, et puis aussi ces copains marseillais qui m'ont dit l'avoir vu attendre ses enfants à la sortie d'une école du côté du Prado.

Pour ma première séquence, je filmerai les réactions des amis à qui j'exposerai mon projet – j'ai d'ailleurs retrouvé un vieux calepin où figurent les noms de tous ceux qui m'ont connue à mon époque scandaleuse et ont tout fait pour me sortir de là –, je les recontacterai un par un, ainsi que tous les autres, ceux qui sont entrés dans ma vie des années après la trahison, je prendrai rendez-vous avec chacun d'eux et filmerai leur visage en gros plan. Figures ironiques, amusées, atterrées, grimaces, moqueries, résignations, attendrissements, encouragements, leurs réactions s'enchaîneront derrière l'objectif en une séquence-montage rapide et rythmée. Et si la matière s'avère suffisamment drôle et abondante, j'en ferai une bande-annonce que je posterai pour récolter des fonds sur KissKissBankBank. Voilà. Voilà le point de départ de mon projet.

J'ouvre mon calepin et la première que j'appelle, c'est Florence. Florence que j'ai rencontrée autour de mes vingt ans, Florence fleur délicate et parfumée à l'Eau de Guerlain, Florence si jolie et si cultivée, Florence et le jazz, Florence et les musiques du monde, Florence qui m'a tant appris, Florence que je détestais décevoir.

Un soir, je me souviens, je venais d'avoir trente ans, était-ce l'audace de cette soirée d'anniversaire, je ne sais trop mais j'entrepris l'impossible. Je voulais abolir toutes les barrières entre elle et moi, nous partagions tant de choses, je souhaitais par-dessus tout qu'elle me comprît, moi et mon incongruité amoureuse. Si bien que, pour l'attirer dans la toile de mon ancienne passion inepte, j'osai une réhabilitation suicidaire : je tentai de branchiser Goldman. « Tu sais, Flo, Goldman, ça n'est pas du tout l'image qu'on en a, c'est d'abord cette chanson géniale (et bien sûr totalement inconnue) sur la face B de son deuxième 45-tours, *Jeanine médicament blues*, oui c'est vrai, le titre est un peu space mais la chanson est très drôle ; et puis Goldman, c'est surtout le groupe Taï Phong, celui qui ne connaît pas cette période post-Beatles et pré-Stones de Jean-Jacques ne peut décemment pas prétendre le comprendre et l'aimer... » En vain. J'eus beau appliquer les méthodes adéquates (déconstruction, complexification, sophistication, goût du rare et du vintage, désignation allusive et abrégée, revisite et relecture totale de l'histoire de la musique), la cause était perdue d'avance. Autant vanter les mérites d'un pique-nique en bordure d'autoroute aux propriétaires d'un vieux mas du Luberon. Goldman était imbranchisable et le projet dans son ensemble un oxymore. Au milieu des jolies taches de rousseur de mon amie, un sourire attendri mais cependant condescendant mit fin à ma maladroite tentative.

En y repensant aujourd'hui, et tandis que je m'apprête à la retrouver dans un troquet parisien du 11e arrondissement, je n'ai pas d'autre intention que celle d'exposer le plus sobrement et le plus sincèrement possible mon projet. J'arrive comme à mon habitude en avance dans ce café qui, depuis la loi antitabac et ça commence pourtant à faire, sent toujours la moisissure et les poubelles, je pose ma caméra sur la table en vieux bois noueux et règle le cadre un peu au-dessus du dossier de la chaise qui me fait face. Florence arrive en retard, comme à son habitude, et s'installe en faisant bouffer autour d'elle un nuage de poussière poudrée.

À peine commencé-je à lui exposer mon projet de film que la même perplexité resurgit, intacte et aussi expressive que dans mon souvenir. Je vois bien que je la déçois, je l'entends même s'étonner en silence de mon obstination à ne pas avoir clos cet absurde chapitre de ma vie. Mais je poursuis : j'irai chercher Jean-Jacques dans les broussailles phocéennes et traquerai, à l'intérieur de moi, les émotions que cette quête fera émerger à la surface de ma vie. Et comment vais-je procéder ? s'enquiert poliment Florence. J'expose mon plan – mon ami qui connaît son agent, mon amie nièce de son ex-directeur artistique, mes amis espions des sorties d'écoles marseillaises – et lui demande si elle est OK pour apparaître dans la bande-annonce de mon film.

— Oui, bien sûr. (Silence.) Du moment que je ne passe pas pour une fan de Goldman.

Elle sourit jaune et ça ne va pas très bien avec ses taches de rousseur.

Pas d'inquiétude, elle a ma parole.

— Ben super alors, vas-y, fonce. Si c'est aussi important pour toi…

Elle prononce ces derniers mots avec l'expression tristement résignée qu'ont les sains d'esprit face aux psychotiques. Je pense qu'il existe de la vie sur Jupiter et je vais aller le vérifier. *Si c'est aussi important pour toi.* C'est lui qui m'a quittée, c'est vrai, mais je suis sûre qu'il sera très heureux de ma visite à l'improviste. *Si c'est aussi important pour toi.* Les trolls islandais ont communiqué avec moi et je suis chargée de les aider à transmettre leur legs spirituel et scientifique à l'humanité. *Si c'est aussi important pour toi.* J'ai l'intention de prouver que la musique de Jean-Jacques Goldman peut permettre aux fleurs de pousser sans eau, par exemple sur la planète Mars. *Si c'est aussi important pour toi.*

Et ça l'est, important, j'en suis de plus en plus convaincue, je dois, je vais le rencontrer, prophétie autoréalisatrice en images et en son, n'est-ce pas d'ailleurs une des nombreuses définitions d'un film ?

Ce matin, je suis tombée sur un article évoquant les gens qui regardent *Plus belle la vie* en secret. Ils ont honte, les amateurs de soap et de mauvaise fiction télé, lorsqu'ils ne nagent pas dans la ligne de brasse de leur classe socioprofessionnelle. Ils craignent le déclassement, la déchéance en chute libre de leur bulle bourgeoise ou bobo. La faute à leur pulsion inavouable, à leur illogique fragilité, à leur goût incontrôlable qui vient se loger en un lieu ou objet défiant toute statistique. Eh bien, ces gens-là, j'ai envie de les serrer dans mes bras et de les embrasser sur les deux joues, ils sont de bonnes nouvelles : ils ont échappé à tous les pronostics des génies du marketing et autres statisticiens qui se pensent horlogers de nos âmes, et viennent souffler un vent frais sur nos cœurs insondables. Je précise que je n'évoque pas ici les amateurs déconfits d'émissions de téléréalité, nombreux eux aussi, et la raison est la suivante : hormis peut-être *Top chef*, le principe d'un jury tout-puissant, cruel et starifié, régnant sur son petit monde tremblant, loin de constituer une oasis-refuge, me semble au contraire verrouiller les spectateurs dans un unique objectif de performance qui se rattache, malgré lui ou non, à un dessein plus global de cartographie de nos âmes ; la fiction quant à elle, si médiocre soit-elle, et je sais de quoi je parle, demeure une proposition d'imaginaire et peut ouvrir les cœurs et les corps de façon absolument inattendue. Éléonore Desmarest, brillante avocate pénaliste, amatrice de grands vins et lectrice de *Maisons du Sud*, aime *Plus belle la vie* et aucun marketing manager ne l'avait prévu. Bonne nouvelle. Paolo Vitti, coqueluche du monde de la mode pour son talent à dénicher les nouvelles tendances, voue une passion pour *Les Feux de l'amour* et aucun institut de sondage n'avait pu l'imaginer. Encore une bonne nouvelle. Sandrine Selzer et son compagnon Alexis Selzer, tous deux éminents docteurs en neurosciences, se passionnent en cachette pour *Amour, gloire et beauté*, et nul statisticien, nul planneur stratégique, nul sémiologue inféodé aux agences de com n'avait osé l'envisager. Et c'est une formidable nouvelle. Tous ces accidents marketing, toutes ces erreurs de ciblage sont en fait de prodigieuses sorties de route et autant de manifestations du vivant, de ses surprises et aspérités, de son manque de logique, de son hasard infréquentable et tellement attachant. Je n'aimerais pas croiser sur ma route celui ou celle qui collerait sans faillir au portrait de sa cible marketing, véritable pathologie sur pattes, dangereux psychopathe ou serial killer en puissance, trop propre, trop prévisible, rien qui gratte, rien qui dépasse, bien dégagé derrière les oreilles et fusil dernier cri en bandoulière. Comme sur l'île aux enfants du génial *Journal intime* de Moretti, où un grand philosophe se découvre une passion inédite pour un soap opera, les vices cachés d'Éléonore, de Paolo, de Sandrine et d'Alexis, failles impensables et impensées pour les découpeurs CSP++

de nos âmes modernes, sont au contraire la signature de leur être, leur petit signe distinctif et surprenant, leur tache de naissance imaginaire, la petite jarre intérieure qu'ils convoquent lorsque la solitude et la peur les empêchent de dormir, la flamme dansante à laquelle ils se réchauffent lorsque la nuit froide tombe sur leurs vies. Malgré tous les tests marketing, les études « quali » et « quanti », les packagings, les choix ingénieux de couleur et de police, la disposition des produits dans les linéaires des supermarchés, malgré toutes les classifications, catégorisations, compartimentages, le fond de nos âmes ne sera jamais entièrement cartographiable. Demeurera toujours une parcelle étonnante de nous-mêmes qui échappe à tous les pronostics ; parce que nous sommes pluriels, imprévisibles, mouvants, humains en somme ; parce que notre frivolité, notre « mauvais » goût et ses caprices sont autant de résurgences de l'enfant que chacun porte en lui. Face à la mort, il n'y a rien, m'a récemment dit une amie et grande amatrice de Proust. Rien, sinon Proust, Aretha Franklin et les bonbons Haribo. Et, ajouterais-je sans aucun esprit de clocher, il y a aussi Jean-Jacques Goldman.

3

Bande-annonce

Mes amis sont gênés. Sur le banc de montage de mon ordinateur, je vois défiler leurs visages tous différents et cependant très semblables pour la circonstance : ils partagent cette expression surprise et incommodée. Ils sont tous étrangers à ma joie. Tous sauf deux.

La première, c'est Anna. Anna, rencontrée sur le tard, compte parmi les plus exigeantes et les plus cultivées de mes amies (Anna n'aime pas les comédies). Pourtant, lorsque je lui parle de mon projet et la filme, assise sous les boules colorées de la station de métro Palais-Royal, son beau visage aux traits ronds s'éclaire de l'intérieur. Elle trouve ça « intéressant », je veux évoquer la bienséance bien sûr, et puis, m'avoue-t-elle alors que nous n'avions jamais abordé le sujet ensemble, elle apprécie Goldman, il a aussi fait des chansons politiques, c'est dit comme un alibi, mais elle sait comme moi que nous n'avons pas besoin de ça pour nous réjouir de ces aveux.

— Juste une chose, précise-t-elle de sa voix souriante, promets-moi de ne pas le dire à Martin.

Martin, c'est son fils de quinze ans qui trouve pathétique que sa mère ne déteste pas écouter une chanson de Jean-Jacques diffusée au hasard des ondes. Alors je promets bien sûr et, perplexe, j'appuie sur le bouton « stop » avant de tomber de ma chaise imaginaire. Anna, sans doute la plus poétesse, la plus délicate, la plus fine de toutes mes amies, apprécie Jean-Jacques et ne me l'avait jamais dit ? Nous traversons Paris la nuit et ses rues vibrent de notre joyeuse surprise à nous découvrir ce goût caché en commun. Ce soir-là, mon monde change de paradigme, mes repères et ma soi-disant intuition psychologique volent en éclats car, si Anna apprécie Goldman, alors tout est possible. Et j'ai beau avoir promis, j'ai bien envie de garder son aveu sur ma bande-annonce. Au milieu de ces visages distants, son aval enthousiaste m'est précieux.

Je coupe et je monte, étonnement, distance, lassitude, sourire gêné qui cache mal la condescendance, encouragement poli, puis bientôt arrive Sébastien. Sur ma table de montage, cette vieille branche aux traits épais fixe l'objectif d'un air sincèrement réjoui et, tout sourire, s'emballe et me lance :

— Un film sur Goldman ? C'est génial, c'est génial…

Filmé dans son bureau lumineux, Sébastien est cadré serré. Il est le seul de tous mes amis qui ait aimé Goldman aussi passionnément que moi. Sauf que lui n'a jamais trahi. Il lui est demeuré fidèle, avec la dignité et l'aplomb de ceux qui, quels que soient leurs penchants, n'en questionnent pas pour autant leur droit à l'existence, mais les anoblissent au contraire du seul fait de les éprouver. Et quand bien même il s'est égaré plus tard dans la variété la plus grasse, j'admire son panache : il a su faire passer son mauvais goût pour d'amusantes extravagances, et ses passions adolescentes pour des traits de caractère. Le privilège d'une éducation de fils de famille sans doute. « Sébastien est un tenace et il apprécie Jean-Jacques Goldman », « Sébastien est un matheux et il écoute Jean-Jacques Goldman », « Sébastien est un ambitieux et il aime bien Jean-Jacques Goldman ». Tandis que, pour lui, ce regrettable penchant n'était qu'un trait distinctif plutôt original parmi les siens, il résonnait pour moi, issue d'une famille de déracinés questionnant avec une constante inquiétude leur aptitude au savoir-vivre, comme une condamnation à mort. J'en étais tout absorbée et fatalement coupable, je pataugeais dans la fange de mon indigne condition, incapable d'être autre chose que celle que douloureusement j'étais. Et cependant que je frôlais le séjour en hôpital psychiatrique, Sébastien goûtait quant à lui le fruit piquant et délicieux de sa flamboyante personnalité. Avec le recul, je réalise que c'est l'hérédité qui nous séparait à l'époque, c'est elle, bagage cruel et invisible, qui nous empêchait de vivre de façon semblable notre passion commune pour Jean-Jacques. Lui l'avait légère et sûre, tandis que je la ressentais lourde et fragile. Oui, l'hérédité, cette plaie vive que je ressens d'autant plus désagréablement à présent que je suis mère. Certains couples autour de moi, sûrs de leur lignée, élèvent leur progéniture dans un climat de suffisance et de certitudes, ils l'observent gravement et la caractérisent tels des biographes zélés, avec une satisfaction toute pleine d'elle-même et ce sérieux qu'ils auraient sans doute à évoquer d'hypothétiques ancêtres tailleurs à la cour du Roi-Soleil. Ainsi, si leur fils ou leur fille s'entiche d'une mauvaise série télé ou se passionne pour un télécrochet, ce n'est pas l'enfant qui est à questionner mais le programme qui se pare d'un intérêt soudain. Ces couples-là – Sébastien et ses parents en font partie – ne connaissent ni ne transmettent le doute de la légitimité à naître. De mon côté, certes, je me pâme devant le moindre hoquet de mon enfant, improvise pour elle des comptines primesautières et autres misérables blagounettes, et passe de la joie la plus vive à l'angoisse la plus paralysante au premier nez qui coule. Mais je demeure toujours étrangère à cette boursouflure d'hérédité que cependant je leur envie. Et je ne perds ma béatitude sautillante que lorsque je sens poindre l'illégitimité, cette foutue condition chancelante qui est la mienne, que je ne veux pour rien au monde transmettre à ma fille et qui, tel un pou venimeux capable de sauter de mon crâne sur celui de mon enfant, inocule à vie cette incapacité à apprécier, ne serait-ce que quelques minutes par jour, la compagnie de soi-même. Alors je retrouve un sérieux que je ne me connaissais pas car, ce combat-là, j'entends bien le gagner, il y va de la capacité de bonheur de ma fille, et je me pince pour que ce ne soit pas une promesse faite sur du sable.

Sébastien et son visage rigolard me regardent toujours de l'autre côté de mon écran. En le filmant si enthousiaste dans son grand bureau, je me sens à une poignée de main de Jean-Jacques car Sébastien connaît son ex-agent artistique et, promesse de bonheur véritable, les dix chiffres de son numéro de portable privé ; ce sésame en ma possession, j'entrerai en contact avec l'ex-agent, lui exposerai mon projet, celui-ci, emballé, me transmettra les coordonnées de Goldman, je contacterai le chanteur avec calme et décontraction et décrocherai, non sans panache, un rendez-vous amical à l'issue duquel Jean-Jacques, se sentant pleinement à l'aise devant ma caméra, me proposera de le suivre lors de sa prochaine hypothétique tournée… Ça me paraît irréel, insensé, providentiellement rapide. Je souris d'une oreille à l'autre à mon vieux copain de promo en lui demandant le numéro magique, je sais qu'à cet instant il comprend mon allégresse à croire possibles ces retrouvailles inespérées. Dans la vie comme en musique, tout n'est que question de timing ; si voir Jean-Jacques aujourd'hui me semble pensable, ça ne l'était pas à l'époque où je me sentais si petite, si misérable, si rien du tout face à un dieu poète, un chanteur enchanteur, une voix dans le cosmos… Aujourd'hui que les années ont raffermi mes contours alors si flous et autorisé sur l'asphalte de quelques rues de Paris mon droit de passage sur cette planète, une telle rencontre m'est envisageable. Certes, Jean-Jacques est toujours aussi grand, mais je suis quant à moi un peu moins petite, un peu moins misérable, un peu moins rien du tout ; un peu plus vivante et heureuse de l'être, honorant ces moments et m'efforçant d'être à la hauteur de tous ces désirs qui me jettent malgré moi dans le grand bain de l'existence.

— Je ne peux pas te donner ses coordonnées, je ne les donne que dans les cas strictement professionnels.

En haut à droite de l'écran, l'icône de la batterie clignote fébrilement puis, d'un coup, l'image se coupe. Noir. Je n'aurais de toute façon pas filmé mon indignation en gros plan, cependant j'y repense la boule au ventre. Sébastien, soudain distant et impassible, a refusé d'entendre mon timing serré, ces trois mois de couperet généalogique qui m'agitent et me meuvent. J'ai reconnu là l'homme à sang-froid qu'il est devenu, à évoluer dans ces bureaux climatisés à bombonnes d'eau minérale et sièges en cuir à roulettes.

Je n'étais qu'à une poignée de main de Jean-Jacques. Il va me falloir trouver d'autres chemins.

Je suis en train de dérusher ma conversation sur Skype avec Ada – j'ai activé la fonction enregistrement de Skype. Ada, ma vieille copine dont l'oncle a été directeur artistique de Jean-Jacques Goldman à l'époque où je clamais vaillamment mon amour pour lui. Dès que je la vois, je rigole, son rire de clochettes est communicatif et, à nous deux, nous rejouons joyeusement les compositions du Sacré-Cœur. Elle rit en m'entendant parler de mon projet, il me ressemble, dit-elle, et elle sait de quoi elle parle, elle qui m'a connue au pic de ma pathologie, l'année de mes quatorze ans. Elle n'en pouvait plus, alors, de m'entendre parler de Jean-Jacques à tort et à travers, et s'était donc débarrassée de moi en me mettant en contact avec une certaine Claudine, une autre de ses amies totalement atteinte elle aussi. À nous deux, Claudine et moi laissions Ada tranquille et pouvions échanger des lettres enflammées à la gloire de notre héros aux cheveux raides. Ada s'en souvient et s'amuse de ce que mon obsession d'alors ait trouvé un nouveau souffle. Elle me dit cependant que j'ai changé, elle trouve que j'ai pris le pouvoir et « c'est formidable, Carine ».

— Ça enregistre toujours, là ?

— Oui oui.

— Tu peux couper, s'il te plaît ? Ou bien me promettre de ne pas monter ce que je vais te dire ?

Euh, d'accord. Je stoppe la fonction enregistrement de Skype et Ada poursuit, visage préoccupé. Elle sait que j'aimerais bien avoir les coordonnées de son oncle, mais le problème, me dit-elle, c'est qu'il a coupé tout contact avec le show-business il y a plus de cinq ans ; il est entré dans une secte au sein de laquelle il vit reclus et très heureux, en célibataire qui change d'épouse toutes les nuits, vêtu d'une simple tunique violet foncé et se nourrissant exclusivement d'aliments violet foncé eux aussi, myrtilles et aubergines pour l'essentiel. C'est un parcours assez fréquent, précise-t-elle, chez ceux qui ont abusé du show-business.

— Il ne peut pas t'aider, Carine.

Ah. OK.

Ne restent que mes amis espions marseillais. Et ma *chance. Le cadeau de ma naissance.*

Sur la bande-annonce, je distille par petites touches ce que j'ai filmé d'Édouard et de son verbe qui chante. Édouard est un copain dont l'épouse a une amie qui connaît une femme dont la voisine a vu Jean-Jacques venir chercher ses enfants dans une très chic école du quartier du Prado. Édouard me regarde, ébahi.

— Non ?! Arrête mais tu es dingue, toi ! Tu touches à Jean-Jacques ?! Ah ça c'est fort, c'est très fort, et c'est bien, c'est très bien ! Mais tu vas te régaler avec un projet comme ça, tu me filmeras, dis ?

Bien sûr que je te filmerai, Édouard, toi et ton accent qui rendrait tout sucre les plus coriaces des supporters du PSG. J'espère juste que l'amie de la voisine de ta femme est fiable.

— Mais oui, t'inquiète. Elle est un peu vieille mais ça va. Je veux dire, elle n'a pas Alzheimer tout le temps.

Silence de mort.

— Je plaisante, Carine.

Ah. Et c'est quelle école, au fait ?

— Je lui demande et je te rappelle.

C'est sympa, merci, Édouard. Et allez, l'OM.

J'ai pratiquement terminé le montage de ma bande-annonce, inséré Anna, Sébastien et Ada au milieu des autres, me suis efforcée de trouver la petite musique cachée entre les plans, lame de fond rythmique que je tente de faire affleurer à la surface et, alors que j'arrive à un résultat qui me satisferait presque, je m'aperçois que j'ai oublié de visionner les rushes de l'interview de Mia. Mia, mon amie si chère, aime me rendre régulièrement visite à Marseille. Cette fois-ci, elle est venue pour m'entendre lui raconter mon projet, mais la plupart du temps elle débarque en gare Saint-Charles pour « fuir la grisaille parisienne » et respirer un peu. Elle est loin d'imaginer, Mia, que Marseille est championne de France des particules fines, je n'ose pas le lui dire et peu importe d'ailleurs, ça n'entamerait pas son plaisir : elle, elle aime voir la mer et s'imprégner du bordel ambiant... Je ne l'ai encore jamais dit à Mia mais je ne comprends pas qu'on puisse venir à Marseille pour voir Marseille. Qu'est-ce qui attire des gens a priori bien portants dans cette ville d'éclopés de l'âme ? Même pour quelques jours et à moins d'y être né ou contraint j'entends, car Marseille tout entière m'est incompréhensible. Certes, il y a bien la lumière, les tomates, les tresses d'ail frais et les pizzas, voire les sardinades (quel mot fâcheux) ; il y a bien aussi le bleu profond de la mer les jours de ciel clair, et sa couleur bleu argenté les jours de ciel de traîne ; l'odeur des figuiers et du jasmin dans les rues au printemps et puis le vert profond des pins qui se détache de la roche blanche en bordure de mer bleue. Certes, oui, cette ville venue d'ailleurs dégage une beauté indéniable, mais qu'on ne me demande pas de me pâmer devant le Vieux-Port, le cours Julien, la Canebière… Toutes ces places et artères sont des déceptions urbanistiques, des percées brouillonnes et sales, le terrain de jeu préféré de tous les poivrots du bassin méditerranéen, et moi, plus je les arpente, plus me prend l'envie de disparaître. C'est incroyable d'ailleurs, quand on y pense, que Marseille ne cesse de se comparer à Paris, on croirait voir se mesurer au roi de la jungle un chat squelettique qui perd ses poils. D'où lui vient cet aplomb ? De son accent qui chante et autorise toutes les extravagances ? De son passé glorieux de commerçante pionnière qui accueillait les ors lointains ? Je n'en sais rien mais, en attendant, je n'en peux plus de ces gens qui, au lieu de me demander si tel nouveau restaurant m'a plu, me lancent d'un air gourgandin si je me suis « régalée », j'en ai assez de m'entendre qualifiée de « nordiste », moi et mon accent pointu qui fait froncer les sourcils, et surtout je ne supporte plus cette arrogance de ciel bleu envers les ciels parisiens compliqués. Dans ces moments-là, j'ai envie d'enfourcher ma guitare imaginaire et d'entonner *L'Orage* de Brassens. « Son bonhomme de mari […] l'avait emmenée vers des cieux toujours bleus, des pays imbéciles où jamais il ne pleut… »

Oui, décidément, irrévocablement, indéfectiblement, Marseille m'est incompréhensible. Sa seule existence, son absence de nom pendant quelques années, sa situation à la pointe de la France, reculée, oubliée, moquée, reniée, tout ça me renvoie sans doute à toutes mes fragilités et vient les creuser au lieu de les panser. Cette ville est un inquiétant miroir déformant qui ravive mes angoisses. Marseille l'illégitime réverbère mon illégitimité et ne cesse de régulièrement venir me blesser au même endroit. Et, passé l'enthousiasme de vouloir y déceler un signe, l'étonnant alliage de Jean-Jacques Goldman et de Marseille demeure à mes yeux une question sans réponse. À moins que précisément cette illégitimité n'ait forgé pour Goldman les raisons de son choix. Serait-ce pour tout ça qu'il s'y est installé ? Pour retrouver les exilés du berceau de la civilisation occidentale ? C'est peut-être cette histoire de blessure à l'âme, d'éclopés. *Papa quand je serai grand, je sais ce que je veux faire, je veux être minoritaire…* Peut-être.

Le visage paisible de Mia rayonne au centre de l'écran, la lumière et le vent chahutent le cadre et ses cheveux et, à l'arrière-plan, des branches d'olivier vacillent. Elle trouve mon projet formidable, me dit que j'ai raison de tenter et d'y aller, que toute entreprise artistico-introspective fait du bien à l'énergie du monde, nourrit le bon loup de la Pachamama, influence l'alignement favorable des planètes, entre en résonance avec la mystique de l'Univers. En gros que ma démarche fait du bien à l'humanité tout entière et aux multiples formes de vie extraterrestres encore inconnues. Moi qui pensais soigner égoïstement ma dépression chronique, me voici rassurée et convaincue du caractère altruiste et fondamental de mon dessein. Et si d'aventure le moindre doute m'assaille encore, je penserai « bonne marche de l'humanité et des galaxies environnantes » et poursuivrai ma route sans hésiter. Je ne sais pas encore à quel endroit je vais monter la réaction de Mia, elle détonne, Mia, elle flotte, indifférente à la question Jean-Jacques, au-dessus des gens, sur son exoplanète personnelle depuis laquelle elle observe le monde et ses contingentes agitations, loin de toute vaine considération sociomondaine, bon goût, mauvais goût, bienséance, reconnaissance, elle s'en contrefout Mia, elle, elle est directement connectée aux éléments, en relation privilégiée avec les extraterrestres et tous les grands personnages, femmes et hommes, que l'histoire de l'humanité a comptés ; Mia est une galaxie à elle toute seule, elle contemple et accueille, ne juge jamais, et embaume le monde et tous ses maux de son amour inconditionnel. Qui serait assez stupide pour refuser l'amour inconditionnel ? Je prends et j'en reprendrais bien une louche si possible. Et c'est toujours possible avec Mia, c'est pourquoi son aval me rassure autant. « Si ton projet est juste et sincère, alors il fera bouger les planètes qui s'aligneront selon tes désirs, et là, forcément, Carine, tu le rencontreras ton chanteur, c'est la loi de l'Univers. » En regardant son sourire radieux et son épaisse chevelure de magicienne, je bénis cette amie qui vient de poser un baume sur mes doutes et mes questions. Elle me rendrait presque Marseille douce. Je décide de caser cette minute de mystique new age à la fin de ma bande-annonce. Oui, à la fin, pour donner la pêche à tout le monde. Et pour faire apparaître Jean-Jacques. Parce que, si même les planètes s'y mettent, je n'ai plus aucune excuse. Je suivrai donc *les étoiles et les chercheurs d'or.* Et si je trouve, je chercherai encore.

4

Plans de coupe

À peine ai-je mis en ligne la bande-annonce que déjà plusieurs kisskissbankers viennent visiter ma page. Et, chose incroyable, quinze minutes plus tard, mon appel de fonds est financé à hauteur de quatre-vingts pour cent de la somme que j'ai demandée. Une mystérieuse donatrice répondant au doux prénom de Tamara me verse huit cents euros (j'en ai demandé mille, je n'ai que peu de frais : cartes mémoire pour ma caméra, éventuellement une courte assistance au montage, et bien sûr un monteur son et un mixeur, postes difficiles à pourvoir gratuitement). Qui est donc cette Tamara qui porte le même prénom que ma psychanalyste ? Serait-ce elle ? Comment est-ce possible ? Je l'imagine mal fureter sur KissKissBankBank, et puis comment l'aurait-elle appris si vite ? Et pourquoi me faire don de tout cet argent ? Il est vrai qu'elle m'en a pris pas mal, mais elle ne l'a pas volé, elle a eu beaucoup à faire avec moi pendant toutes ces années à soigner mon autodésertion chronique, alors non, je n'ose croire à une simple coïncidence. En même temps, si peu de personnes connaissent la connotation de ce prénom pour moi, alors quoi ? Qui se cache derrière ce mystérieux pseudo ? Qui a tant à cœur de me voir réaliser ce film ? Mes parents peut-être ? Le goût raffiné du mystère n'est pourtant pas ce qui les caractérise, ils seraient plutôt du genre fanfaron, à communiquer bruyamment à propos de leur nouveau rôle de mécène auprès de leur ratée de fille ; et puis ils n'ont jamais eu vent du prénom de ma psy, donc là encore, ça ne tient pas. Mon mari ? Lui non plus ne s'embarrasserait pas d'un masque, trop heureux et trop fier au contraire de m'aider en toute transparence, et il aurait raison. Mes amis alors, tous ceux qui sont présents sur la bande-annonce ? Se seraient-ils associés et auraient-ils constitué une cagnotte pour moi, façon Sauvez Willy ? Sauvons Carine et donnons-lui les moyens de sortir le plus rapidement possible de sa stupide obsession, histoire qu'elle passe enfin à autre chose. Mais ils ne se connaissent pas tous et, la bande-annonce n'étant en ligne que depuis à peine une heure, ils n'ont matériellement pas pu entrer en contact les uns avec les autres en un temps si court. Alors, qui ? Qui donc joue les anges bienveillants avec moi ? Qui a l'envie, l'intérêt, la curiosité que ce film se fasse ? Je n'ose y penser, mais… Jean-Jacques lui-même pourrait-il être derrière ce geste encourageant ? Là encore, pourquoi ce pseudo, « Tamara » ? comment aurait-il appris le sens particulier de ce prénom pour moi ? et pourquoi cet élan romanesque qui sonne comme une amorce amoureuse ? L'énigme demeure, auspicieuse mais entière. Je repense à Mia. Elle dirait que c'est un coup de pouce de l'Univers, le premier d'une longue série encourageante. Si bien que je flotte, baignée dans mon désir de film et portée par une joie nouvelle. La journée est trop avancée pour partir enquêter, je vais en profiter pour faire des plans de coupe. En cette fin d'après-midi, le ciel est clair, je m'en vais filmer la mer.

Filmer la mer de loin, plonger dans l'ampleur liquide, apaiser mes yeux à la couleur profonde, regarder passer les bateaux, ferrys, chalutiers, navettes, voiliers de plaisance, régates du dimanche aux spis pétaradants gonflés de vent, contempler l'ici et l'ailleurs et m'installer dans l'entre-deux de l'eau proche des côtes, là où plonge l'agitation de la ville, où se dissolvent trottoirs sales et avenues encombrées, et où se condense au-dessus de l'eau un invisible nuage annonçant qu'ici commencent tous les possibles. Oui, filmer la mer de loin comme on se fabrique un refuge, plans larges et vastes, horizons de promesses, mille carreaux scintillant à la surface de l'eau qui recomposent le tableau intime et éclaté de mon paysage intérieur. Mon paysage intérieur, cet instantané que j'invoque les yeux fermés pour apaiser mon cœur et me lover dans l'intraduisible *home* ; cet antre palpitant, immense et familier, ce morceau d'infini équitablement réparti au creux de nos âmes, chaleureux, protecteur, gigantesque et minuscule, à l'ombre ensoleillée. Dans l'intimité de cet immobile voyage, certains goûtent les lacs, les forêts, les montagnes ; mon paysage intérieur a toujours été la joyeuse surface d'une mer paisible sur laquelle se reflètent et clignotent mille paillettes de soleil. Oui, sans surprise, mon paysage intérieur est un brin midinette, même s'il tend plus vers les rives belliloises rousses et sauvages que vers les plages de Saint-Tropez. La bande-son qui lui est associée est d'ailleurs elle aussi plus sage : nul bruit de jet-skis, scooters des mers et autres loisirs de milliardaires, le seul ronron toléré est celui du doux ressac des vagues sur la grève ensablée. Cette image-écrin est la mienne, huilée par mes pensées, pétrie par mes battements de cœur, érodée par ma ligne de temps, elle respire en moi comme le tracé de mon souffle et bat au rythme de mes pulsations. Cependant, et j'ai trop souvent tendance à l'oublier, la réalité grignote tout. En m'installant dans cette ville qui m'est étrangère, jamais je n'aurais prévu que mon paysage-refuge né en même temps que moi en serait à ce point bousculé. Certes, devenue malgré moi marseillaise, il me suffit aujourd'hui de traverser deux rues pour contempler, jusqu'au cœur de l'hiver, des brassées de paillettes négligemment dispersées sur la surface bleutée de l'eau – et cette agaçante facilité résonne presque comme un affront ; cependant il est des jours d'orage et de mistral où l'écume et les courants rassemblent sur les rives, par grappes disgracieuses et entre deux rochers, les déchets surnageant et jusque-là épars. Alors, et même de loin, la mer donne à voir son plus vilain visage. Moi qui croyais que la laideur de la mer ne frappait qu'en très gros plans, pansements décollés, morceaux de bouées trouées, bouteilles en plastique, mégots, sacs, tessons de bouteilles, préservatifs, je découvre que la Méditerranée peut grimacer en plan large les jours de pluie et de grand vent, ça flotte et ça tangue, amas irrégulier et bigarré, c'en serait presque photogénique si ça n'était si tristement, si désespérément irrespectueux. Et cet insolent pied de nez frappe mon image-oasis comme une insulte. Il y a pire que l'absence, bien sûr, il y a la présence décevante. Mais il serait mensonger de dire que ces jours-là, et derrière eux leurs régiments d'ordures flottantes, sont les seuls responsables de mon indignation. Non, mon empêchement est plus profond, c'est le réel tout entier qui est en cause, le réel et sa désagréable arythmie, sa perturbante disgrâce, sa disharmonie désespérante. Car si je ne compte plus les jours où, présence fidèle et régulière, les paillettes scintillent et s'accrochent aux vaguelettes rebondies et joueuses, je ne peux que constater qu'aux rives de sable caramel de mon intime paysage se sont substitués des rochers sales et tranchants, et au ronron du ressac le bruit ininterrompu des voitures vrombissant sur la corniche. La rudesse de la ville ne cesse d'écorcher le cliché de mon âme, c'est affaire de cadre, de décor, de principe même : mon paysage intérieur mérite un autre milieu, d'autres atours, une autre planète, il n'est pas, n'a jamais été, ne sera jamais marseillais, et je me dois d'en changer. Mais comment changer les reflets de son âme ? À défaut de se transformer ces dernières années, mon paysage palpitant s'est absenté de lui-même, peu à peu brouillé, flouté, confondu ; de mer vive et pailletée, il s'est mué en clairière vaguement percée de rayons discrets, en pâle lisière de sous-bois ou en rivière fraîche et trop claire ; les visions douces et charmantes se sont succédé en fouillis sans jamais se fixer, à l'image de ces personnes séduisantes aussitôt rencontrées et aussitôt quittées, embrassées, aimées même un peu mais qui, parce qu'elles n'entrent pas en résonance avec le récit secret de l'amour que l'on porte en soi, demeurent à jamais étrangères à nos âmes. Mon paysage intérieur non remplacé a créé une vacance inquiète, une pâle éclipse, une béance dangereuse dont je n'osais plus m'approcher. Mais aujourd'hui je m'approche. Sur une courte portion coudée de la corniche, je filme la mer de loin et le soleil dépose joyeusement sur la surface ondulante ses mille éclats vibrants, nids d'abeilles dansants, fenêtres clignotantes ouvrant sur un autre monde, et ma caméra saisit le temps. Si un des buts de ce film consiste à ramasser les morceaux épars de moi-même, eh bien je commence et amorce, en un étincelant plan de coupe, la reconquête de mon paysage intérieur, ce bout de moi effacé et usé par les pales ralenties et obstinées de mon dérisoire exil. Il s'est installé à Marseille, mon paysage, eh bien soit, puisqu'il le faut, je pactise sans dédain avec la cité fruste et rugueuse et lui reprends un peu de ce qui m'appartient ; je crée d'inédites zones de contact entre la ville et moi et les capture sur film, étape aussi étrange qu'inconfortable et premier pas vers ma petite mer personnelle palpitant au soleil juste à côté du cœur. Une rencontre, en somme. Je tourne et tourne encore avec ma caméra numérique légère et maniable, et bientôt dix minutes de mer bleue à paillettes s'affichent sur le time code, alors je coupe.

La nuit va tomber, je ne filmerai pas le coucher du soleil, un film sur Jean-Jacques est déjà suffisamment sentimental en soi, mais je reviendrai de nuit traquer les paillettes de lune sur le sable léché par les vagues. Et demain, dès l'aube, j'entamerai mes recherches.

5

Fausse piste

Je déteste me déguiser. Je ne suis déjà pas sûre d'apparaître en temps normal sous une forme quelconque, alors prendre l'apparence de quelqu'un d'autre me plonge dans des abysses d'angoisse. Je crains sans doute qu'on ne me reconnaisse pas et, depuis les profondeurs inquiètes de mon costume, je m'entends hurler dans le vide que c'est moi, Carine ! Vous ne me reconnaissez donc pas ?!

Ce soir-là, je ne suis pas déguisée. Mi-août 1988, Fréjus, le somptueux décor des arènes, j'ai quinze ans et je rentre dans le jean 501 noir taille 36 qu'une de mes copines de lycée, une ravissante tige toute en jambes, m'a donné à la fin de l'année scolaire. Moi petite pomme, après plusieurs semaines de régime, j'ai l'impression, du haut de mon mètre cinquante-huit, et tandis que je referme sans trop rentrer mon ventre le bouton métallique de ma braguette, d'avoir ses longues jambes façon Charlotte Gainsbourg. Je porte aussi un petit polo blanc cassé Bensimon à boutons beiges et je suis bronzée après plusieurs semaines à faire des mots fléchés sous le parasol rayé blanc et beige d'une plage cannoise. Ce soir-là, je me sens fluette et mignonne, j'ai vraiment l'impression d'être une autre, une fille élancée et pleine de caractère, une Parisienne de Kiraz, mon amie Clémence, ses jambes interminables et sa joie insolente ; ce soir-là, j'ai le sentiment, petite ampoule, de clignoter joliment, d'être, contours continus et lisibles, une décalcomanie bien imprimée. D'exister un peu, en somme. Et ça tombe bien car, ce soir-là, je retrouve Jean-Jacques dans les arènes. Je suis venue sans personne, aucune copine de plage n'a souhaité m'accompagner, mon père m'a déposée et est aussitôt reparti, c'est un tête-à-tête amoureux au cœur de l'été, un rendez-vous de dernière minute, imprévu et d'autant plus grisant. Sous le ciel de Fréjus, nous sommes des milliers à l'attendre, plus paisibles que sous la cloche du Zénith de Paris. L'air est doux, le ciel rose, les pins parasols vaporisent leurs chauds effluves grillés et les cigales s'échauffent la voix. Un joli soir d'été. Soudain, Jean-Jacques avance sur la scène. Tandis qu'il amorce à la guitare les premières notes d'*Il suffira d'un signe*, des fans autour de moi me lancent un regard surpris et admiratif qui m'extirpe de ma torpeur scintillante. Parmi eux, un type à casquette, sympa et bedonnant, me dit :

— Vous êtes habillée comme lui.

Pardon ?...

Sur la scène vibrante, Jean-Jacques porte un jean 501 noir et un polo blanc cassé Bensimon à boutons beiges et c'est à peine croyable. J'en tire un sentiment d'élection qui signe une connexion tacite entre nous, la télépathie des amoureux, des vrais, *il suffira d'un signe*, et je suis bien sûr la seule dans ce cas, et c'est d'autant plus fou que Jean-Jacques n'a rien de ces rock stars qui étudient leur look pour transformer le quotidien de leurs fans en éternels concours de sosies, non, pour Jean-Jacques, un vêtement, ça tient chaud et ça couvre les bouts de corps impudiques aux regards, et c'est tout. Ce soir-là marque mes quinze ans d'un espoir étincelant où le hasard nous a rapprochés, *quelque chose d'infime, c'est certain,* ce même hasard va-t-il faire que Marseille m'ouvre aujourd'hui ses portes et ses mystères pour que je tombe enfin sur lui, au détour d'une ruelle arborée ?

Car ce matin, je marche (seule) et traverse Marseille de haut en bas ; mon copain Édouard m'a donné les coordonnées de la voisine de la femme de son frère et je suis sur le point de la retrouver devant une sortie d'école. J'attends près d'un plot lorsque je vois arriver vers moi une jolie petite brune comme Marseille sait si bien en fabriquer, traits réguliers, œil vif, silhouette ferme et rebondie, sourire piquant et verbe qui ondule, un peu corse, un peu italienne, la trentaine insouciante et la conversation provinciale : il fait chaud, hein ? ça y est, le printemps est là, il s'est fait attendre cette année, ah, vous avez pris votre caméra ?

— Oui mais, si ça vous dérange, je ne vous filme pas.

— Ah mais non, au contraire, et puis ça tombe bien, j'ai pris le soleil ce matin en buvant mon café, j'ai bonne mine.

Elle a un rire lourd et plat qui tranche avec la vivacité charmante qu'elle dégage. Je lui dis que mon idée est de filmer l'endroit où elle a vu Jean-Jacques pour la dernière fois. Elle me désigne une ruelle qui borde la sortie de l'école, silencieuse et déserte à cette heure de la matinée : il était là, il portait des lunettes noires mais je l'ai reconnu, je suis très physionomiste, il vient chercher ses deux grands tous les jours, c'est un super papa, et après, ils rentrent à pied par les petites rues et personne ne les embête.

La jolie Marseillaise m'explique cependant qu'elle ne le voit plus trop ces jours-ci. Peut-être qu'il est très occupé à préparer un nouvel album ou une tournée, elle me regarde comme si j'avais la réponse, mais je n'en sais rien, je ne lis pas les magazines people, la dernière fois que ça m'a pris, ça m'a fichu un cafard pas possible, j'y ai vu Jean-Jacques en photo plus de trente ans après et suis tombée sous le choc : visage creusé, traits vieillis, petites lunettes rondes, calvitie avancée ; certes la silhouette est toujours aussi svelte, mais la fraîcheur a disparu, sa petite tête de pomme fripée dégage quelque chose d'un peu austère et d'un peu chagrin. Malgré tout, il ne fait pas comme ces stars qui se botoxent et s'empâtent sur leur yacht de trente mètres en buvant du champagne, il a le coup de vieux élégant, Jean-Jacques, il ne fait rien comme tout le monde, ou plutôt si, justement, il fait comme tout le monde, comme la plupart des gens quoi, les profs, les assistantes maternelles, les infirmières et les pompiers, sa modestie et son intelligence marquent son visage, on dirait un prof de maths à la retraite, calme, sérieux, un peu trop peut-être, ou bien un professeur de sciences du Berlin des années 1920, ou encore un tribun communiste de la première heure, un Juif allemand ou un Juif russe, ou un Polack, en tout cas un ashkénaze de deux mille ans d'âge, son âme blessée et exilée affleurant à sa figure au regard triste, mais je ne raconte pas tout ça à la jolie Marseillaise, je ne lui dis pas que je l'ai aimé justement parce qu'il jetait une passerelle entre deux mondes, celui des artistes et celui des gens comme tout le monde, et parce que sa simple existence rendait le rêve possible, je ne lui dis pas non plus que je l'ai aussi aimé pour son patronyme de super-héros, ni Souchon ni Cabrel, mais Goldman gravé en lettres d'or, modeste et talentueux représentant d'une communauté engloutie dans les mâchoires de l'Histoire, évanouie à jamais. *Comme toi*, comme moi donc. Ou plutôt à moitié comme moi, car je ne suis ashkénaze que par ma mère, mon père, lui, plonge ses racines dans la joie séfarade, son exil porte en lui plus de soleil et moins de fantômes, mais ça, c'est une autre histoire – *écrivez-moi une autre histoire*. Si je m'arrête cependant un court instant sur une branche de ma généalogie, j'y trouve, comme un signe de plus tendu entre Jean-Jacques et moi, une composante aurifère. Un jeune homme aux yeux noirs, talentueux et aimant, Juif polonais de son état, déporté à Auschwitz, qui fuit le camp les pieds nus dans la neige et survécut plusieurs années dans la campagne polonaise, en se faisant passer pour un Français ; mensonge qu'il put tenir grâce à ses études aux Beaux-Arts de Paris durant l'entre-deux-guerres, période pendant laquelle il apprit avec délice la langue de Flaubert ; ce monsieur élégant, qui se prénommait Marek, était destiné à porter le nom de Goldschmidt, mais son père en décida autrement, troquant ce patronyme doré contre Czerwinski, aux consonances polonaises typiques, facilitatrices, croyait-il alors, d'une plus souple assimilation ; Marek Czerwinski mourut vingt ans après la Libération, dans la petite ville de Sedan, d'un arrêt cardiaque, emportant avec lui sa noble personne et ses indicibles secrets, et je repense à ce nom-là, Goldschmidt, celui qu'aurait dû porter ce grand-père maternel que je n'ai pas connu et que Jean-Jacques, à son insu, m'a un peu chanté. Oui, côte à côte avec l'ami, l'ex-petit ami, le grand frère ou l'amant, Jean-Jacques a aussi incarné sur mes écrans intérieurs ce grand-père héroïque et lointain. À ceci près que le chanteur possédait l'indéniable avantage de partager la même temporalité que moi. Être sa contemporaine m'offrait la possibilité d'appréhender un homme qu'il m'était raisonnablement impossible de jamais rencontrer, Jean-Jacques jouait les machines à explorer le temps et ouvrait des brèches spatio-temporelles au ciel de mes récits familiaux. D'un homme doré à l'autre, un lien de plus s'est ainsi tissé entre nous.

Face à mon silence chargé, la jolie Méditerranéenne brise la glace et sort un vieux magazine qu'elle a apporté pour l'occasion, avec Jean-Jacques en couverture, comme ça, si je veux, je peux la filmer avec. Alors j'enclenche la fonction enregistrement et zoome rapidement sur une photo intérieure de Goldman en compagnie de sa seconde épouse, une jolie petite brune, marseillaise elle aussi. Ils ont l'air bien ensemble, tranquilles, heureux, et là, je ne sais pas pourquoi, je me sens mal à l'aise, alors je coupe. Peut-être parce que cette jolie brune-là couche avec Dieu et qu'elle n'a pas besoin de renvoyer son image dans l'œil d'une quelconque caméra pour avoir le sentiment d'exister. Mais surtout parce que quelque chose me taraude : Dieu ne vieillit pas et pourtant cet homme-là a vieilli. Alors je pose une question : qui est l'homme sur les photos qui se fait passer pour Jean-Jacques Goldman ?

Je rentre à pied par la corniche et la question ne me quitte pas. Qui est celui qui prétend être Jean-Jacques ? Un inconnu, forcément, un imposteur qui lui ressemble, qui monte sur scène et qui chante à sa place, qui répond aux interviews, vieillit et élève les enfants du vrai Jean-Jacques, car le vrai justement n'est pas saisissable sur pellicule, il est non réductible à son image, vaste et impalpable, il baigne dans les limbes dorés des chanteurs aux dizaines de millions de fans et de disques d'or, il flotte au-dessus d'un paysage étincelant et protégé, lunaire et paradoxal, constamment ensoleillé sous une fine pluie d'or et de rosée. Je sens bien que je suis partie à la recherche de quelque chose qui, inexorablement, m'échappe. Jean-Jacques n'est qu'une ombre fuyante qui évolue dans mes souvenirs, à l'abri de mes pensées, dans mon antre secret et silencieux. Le seul Jean-Jacques qui existe vraiment, c'est le mien, ce petit jean-jacques en minuscules rondes et dodues soigneusement rangé dans un coin frais au creux de ma poitrine, là d'où jaillissent les larmes et la musique soul. Jusqu'ici refuge précieux et chaleur utérine, mon jean-jacques à moi sait aussi être capricieux, il peut facilement disparaître et resurgir devant mes yeux d'une minute à l'autre, d'une heure à l'autre, d'un jour à l'autre – a-t-il jamais existé hors de moi ? a-t-il quelque chose à voir avec le vrai Jean-Jacques ? En attendant, je grave son nom en lettres hautes et brillantes, comme autant de portes ouvertes sur des passerelles couleur du temps que j'arpenterai le long de mes explorations filmiques.

Il est près de midi et le jour tape sans retenue sur la promenade qui longe la mer. La pierre blanche des bancs m'éblouit et j'avance à l'aveugle, soleil en face. Devant moi, un homme marche seul, cheveux bruns, courts et raides, taille moyenne, silhouette svelte, jean brut et T-shirt manches courtes, les mains dans les poches. Pas de guitare, pensé-je. Il arpente la promenade d'un pas sûr et, sur cette route-là, je le suis. J'active ma caméra. Il avance dos à moi, démarche pensive, regard droit devant. Je le suis pendant plusieurs dizaines de minutes puis il change de trajectoire et coupe par l'intérieur, après le Roucas-Blanc et le vallon des Auffes, rejoignant les rues bétonnées et irrégulières qui conduisent au Vieux-Port. Je lui emboîte le pas dans ces ruelles sans charme, nez alternativement collé à l'asphalte ou à l'œilleton de ma caméra, débouchant bientôt dans une courte allée où j'évite autant que possible poubelles et tessons de bouteilles. Sur le point de traverser, je tourne un instant la tête à un carrefour et tombe nez à nez avec une vue à couper le souffle que je filme comme par réflexe. Ce ne sont pas les rues qui sont belles à Marseille, ce sont les perspectives ; collines, montagnes, percées sur la mer, jardins suspendus, église haut perchée, forêts dans la ville, bouts de voiliers et mâts qui claquent, falaises, dôme de cathédrale qui luit au soleil. Toutes ces merveilles surgissent entre deux immeubles sales, au milieu de crottes de chien, d'illisibles graffitis et de poubelles incendiées, et je reste médusée : comment ces cadres prodigieux s'imbriquent-ils dans une ville si peu harmonieuse ? Marseille contredit toutes mes croyances esthétiques. Je n'ai jamais aimé fouiller dans la merde à la recherche de la beauté, ce penchant de cochon truffier est une particularité des amoureux de Marseille, et plus généralement de toutes ces villes portuaires autrefois glorieuses et aujourd'hui misérables. Gênes, Naples, Palerme, Marseille donc. Je ne goûte pas cette joie pirate à révéler des trésors au milieu des poubelles, cette soif quasi militante à réhabiliter le réel et ses contrastes. Je l'ai dit, je n'ai pas cet état d'esprit de cinéma documentaire et, je l'avoue, lorsque je me promène, j'aime que les rues s'offrent sans pièges ni manières, et en toute beauté. C'est facile, confortable et tout sauf militant – et certains d'en déduire un peu vite mon bord politique. Je reste quelques secondes immobile à la croisée de deux rues, face à un bout de mer violette au pied d'un échangeur rénové, et je hume le parfum sucré de fleur d'oranger qui s'échappe par copieux effluves de la plus vieille boulangerie de la ville. Les caméras ne saisissent pas encore les odeurs, tant pis, je suis rue Sainte, la bien nommée, sale, livide et clairsemée de percées magiques sur l'ailleurs. Cette ville ressemble à ma tête, elle m'enferme et m'assène son réalisme décourageant, elle m'offre aussi des promesses d'escapades, des petits morceaux de lointains, de furtives échappatoires, autant de chants de sirènes qui me murmurent de partir, d'aller voir là-bas si par hasard je n'y serais pas ; alors je pense que je souffre de détester Marseille autant que j'ai souffert d'aimer Goldman, les deux ont écorché un même endroit douloureux à l'intérieur de moi, creusé une semblable blessure, incomprise, illégitime et pathétique.

Lorsque je reprends ma marche, l'homme a disparu, évanoui parmi les poubelles et les caniveaux crottés. Et si c'était Jean-Jacques que je venais de perdre de vue ? Et si c'était lui, l'ailleurs, l'inconnu, le surprenant, ce goût d'inachevé qui me donne envie de continuer à y croire un peu ? Je rentre chez moi et visionne l'ombre fantomatique qui se découpe sur la mer bleue avant de s'évaporer dans les rues. Alors je replonge des deux pieds, je ne suis plus sûre de rien, peut-être vaut-il mieux pour l'Univers, moi y comprise, que je ne le rencontre pas, à quoi bon toutes ces questions, je préfère ma complainte familière et ronronnante, seule dans la nuit et terrifiée par la rumeur du monde, pas sûre du tout qu'un quelconque dieu existe et pourtant Goldman, lui, existe. Et je pourrais bien l'avoir suivi quelques instants.

6

FAN

Je fais part à mon compagnon de mon errance de la veille et m'inquiète d'avoir épuisé toutes mes supposées premières pistes. Il ne sait pas que j'ai négligemment allumé ma caméra, posée sur un coin de table, et qu'elle filme notre conversation. O., le père de ma fille, est un pragmatique pour qui le temps que je consacre à ce projet non rémunéré est autant de temps que je ne consacre pas à des boulots de commande correctement payés. Il souhaiterait sans doute me voir avancer plus vite et me recommande des voies plus classiques.

— C'est quoi, une voie plus classique ?

Son côté raisonnable me donne chaque fois envie de me vautrer dans la provocation la plus puérile.

— Je ne sais pas, tu pourrais peut-être appeler tes copains journalistes.

Lesquels ? La plupart, ex-amis ou fréquentations parisiennes, sont journalistes d'investigation et me riraient au nez ; quant aux autres, les nouveaux, les Marseillais, ils sont tous ultra-spécialisés : dans les fonds marins corses, le deal de shit des quartiers nord ou les mille et une recettes de la bouillabaisse.

— Alors tu pourrais essayer de faire jouer ton réseau un peu show-biz.

Là encore, lequel ? Mon réseau parisien « un peu show-biz » se réduit à trois comédiens que j'ai quittés alors qu'ils étaient sur le point de percer – malheureusement pour eux, ils en sont restés là –, à part ça, j'habite à Marseille, autrement dit, mes seules fréquentations un tant soit peu show-biz consistent à croiser en de rares occasions des femmes de footballeurs que je ne reconnais pas, d'anciens champions du monde de natation immenses et flottants ou Kad Merad bagousé qui déjeune seul dans une pizzéria tous les mardis, alors pourquoi irais-je les déranger pour un autre qu'eux ?

— Eh bien alors, contacte Goldman via son fan-club.

« Son fan-club »... À ces mots, les murs se rapprochent, le plafond rejoint le sol, l'avenir tout entier s'affaisse et se charge de grisaille. Être fan est un manque, une béance, un trou dans la tête que l'on comble de la lumière d'un autre, trois lettres qui enferment dans le même rouge à lèvres que Robert Smith et l'obsession fétichiste pour le vingt-septième porte-clés à l'effigie de Johnny. Comment ne pas craindre d'être prise de convulsions suicidaires au contact d'une organisation exclusivement dédiée à ce type de créatures ?

— OK, jamais tu ne voudras faire partie d'un club qui t'accepterait pour membre, me répond O., perspicace. Pourtant, Groucho, c'est un moyen sûr d'entrer en contact avec ton chanteur.

Face à ma moue sceptique, mon époux conclut par un sourire, habitué à mon entêtement.

— C'est ton projet. Fais ce que tu veux.

Il n'empêche, je sais qu'il a raison. Je n'ai plus la moindre piste et celle du fan-club n'est pas totalement absurde. Je lui demande s'il est d'accord pour que je le filme en train de chercher l'adresse du fan-club de Jean-Jacques sur le Net, puisque, après tout, cette idée vient de lui.

— Ce n'est pas moi qui le cherche, Carine.

OK, j'ai tenté. Et j'assume. J'assume ma misérable condition de fan, et envisage le plus sérieusement du monde d'écrire à Jean-Jacques via son fan-club. Je mets moins d'une demi-minute à le retrouver sur le Net, le premier fan-club, l'historique, l'original sis à Montrouge sur le lieu de sa maison de production, pas loin de là où il a longtemps habité. Il est précisé sur le site que « si votre lettre est originale, vous avez une chance de recevoir une réponse dans moins de trois mois ». Je m'apprête donc à rédiger une lettre mais, doute ultime ou procrastination, je flâne encore quelques minutes sur la Toile et cherche un fan-club à Marseille ou dans les environs. Je n'en trouve aucun et pense à ceux qui, débarquant quelque part, cherchent aussitôt la paroisse, la mosquée, la synagogue ou le cours de yoga, quand d'autres cherchent le fan-club de Jean-Jacques. Je poursuis et cherche encore, me laisse absorber en route par mille pages de sites divers et autres versions frelatées de fan-clubs de JJG, avec photos qui clignotent, collages de lettres-réponses du chanteur, surimpression de lèvres rouges, de cœurs et de couchers de soleil dignes du premier clip de George Michael. Bref, un cauchemar qui sent l'acné, le gloss goût fraise et la peur de grandir. Et bientôt, comme un naufragé croyant rejoindre la terre ferme comprend que c'est un mirage, je retourne sur le site « officiel » mais constate, malgré la qualité de son contenu et, en comparaison, sa sobriété graphique, que lui aussi dégage quelque chose de chagrin et de clos, un repli, une impasse, cette même sensation qui m'oppressait après avoir punaisé la photo du chanteur au-dessus de mon lit, ça sent le renfermé, fenêtres murées, air humide et obscurité, toutes ces tentatives de lien entre la star et ses fans, si bien renseignés soient-ils, sont l'univers rétréci, essoré, réduit à quelques photos et lettres qui, coupées de leur sujet, se cognent aux vitres du réel. Altérée par ces mornes flâneries, je tombe alors, au détour d'un énième site sur une page entière de texte. Plus de photos ni de clignotements neurasthéniques ici, mais une pleine page d'exégèse d'une chanson de Goldman. La lente et émouvante *Puisque tu pars*. Le texte de la chanson est cité, commenté, analysé par des fans nombreux et inspirés, et je dois bien reconnaître – il m'est à ce moment-là impossible de le nier – que je trouve la démarche terriblement sympathique, tous ces internautes sont vraiment attachants, mon Groucho Marx intérieur est en train de se tailler sur la pointe des pieds, et avec lui tout ce qui me restait d'autodérision, car à cet instant je ne dirais pas non à l'idée de fréquenter certains d'entre eux autour d'un verre et sur un air de Jean-Jacques. Il faut dire que la question qui les anime est d'une haute importance : à qui s'adresse le chanteur dans cette chanson ? À un ami cher qui a décidé de changer de vie ? À un enfant qui grandit et s'apprête à se jeter dans le grand bain de l'existence ? À un amour déçu avec lequel on s'efforce de rompre dignement ? Les interprétations fusent, toutes pertinentes, enjouées, argumentées, et cet exercice me plaît, il n'élucubre pas autour d'un hypothétique trait de caractère du chanteur, d'une photo de lui plus ou moins ratée mettant en cause son choix douteux de porter telle chemise ou de divorcer avec tel fracas, non, cette exégèse concerne un de ses textes et, de ce point de vue, il m'apparaît que les fans de Goldman lui ressemblent, plus préoccupés du mot que de leur dieu, désireux de comprendre et d'explorer, aussi dignes d'admiration au fond que d'austères et laborieux lycéens qui décortiquent Mallarmé ou Chateaubriand l'année du bac de français ; et tandis que j'écris cela, je ne peux m'empêcher de penser qu'une fois de plus je ne suis pas dans l'équipe cool mais dans celle des fayots, il suffit pour cela d'imaginer, sur un improbable terrain de foot à la pelouse écarlate – aucune explication à ce choix rouge, décision purement arbitraire et cinématographique –, une bataille rangée entre fans de Jean-Jacques et fans de Robert Smith : d'un côté, les supporters en liesse des Cure, cheveux noirs hirsutes, lèvres carmin et Doc Martens aux pieds ; de l'autre, les supporters de Goldman, sans maquillage ni coiffure, T-shirts gris terne informes et voix mesurées, lassantes à force d'être polies. Nul besoin d'être médium pour prédire laquelle des deux équipes sera la plus bruyante, la plus festive, la plus folle, nul besoin d'oracles pour savoir que l'équipe des JJG en sortira perdante sinon moquée, mais je m'égare et reviens à ce qui m'anime, à savoir la question posée par cette énigmatique chanson. Et, rapidement, je penche pour l'interprétation évoquée par Jean-Jacques lui-même, à savoir qu'il s'adresse ici sans filtre, et comme dans d'autres de ses chansons, à son public ; le chanteur poète décrit dans ce texte sa relation à ce nous mouvant et sans visage qui l'oint de sa passion débordante depuis la fosse du Zénith, monstre insatiable et terriblement attachant qui l'arrache à sa solitude et le laisse encore plus seul une fois la fête terminée. Alors, parce que c'est un type bien, Jean-Jacques reconnaissant offre à ce monstre-là ses mots à lui pour célébrer leur amour – *tu es de ma famille, puisque tu pars, pour que tu m'aimes encore* –, au fond, c'est chaque fois cette étrange relation qui se joue dans ces chansons d'amour pudiques et obscures qu'un public de fans envoûtés aime à psalmodier en concert. Et voilà qu'à mon tour, désirant à toute force apporter ma contribution à l'échange collectif, je me jette de mes dix doigts dans le forum, portée par un argumentaire ardent... Ça y est, j'ai sombré. Une telle disposition d'esprit, une telle urgence à évoquer l'œuvre de Jean-Jacques ne m'avait pas habitée depuis près de trente ans, depuis mes dernières lettres enflammées à Claudine, j'étais alors pétrie de cette même dévotion sincère, de cet enthousiasme fervent, d'une admiration toute révérencieuse que partagent les fans véritables et qui, un court instant, anoblissent ces trois étroites lettres-là, *f a n*. Et tandis que je replonge dans l'épaisseur tendre de ma vieille passion, j'en retrouve aussitôt l'inconfort qui lui est attaché, la béance évoquée plus haut, ce flottement inquiétant et fragile, car l'amour d'une fan pour son idole est arrimé au vide et laisse, comme lui, un goût persistant et amer en bouche, cet amour-là est une absence d'image, de charpente, d'égard, il est le manque entortillé sur lui-même en spirales hirsutes qui, vorace, se nourrit du nom, des mots, de la voix d'un autre ; il vient, dans un mouvement de balancier, combler l'adoratrice par d'inédits instants de grâce, et lui rappeler sa condition misérable de rien du tout ; et son âme ainsi fécondée d'amour et de vide luit d'une flamme vivace et triste au beau milieu de sa chambre d'adolescente.

Mouvement de balancier. Acrobaties amoureuses. Je pourrais préciser le contexte familial propice au manque, les déracinements qui, avides, engloutissent les joies, déchiquettent les heures, fabriquent de la solitude ; je pourrais dire les foudres de mes parents, leurs exils inconciliables, leurs écorchures semblables, deux enfants perdus à Paris, étudiants boursiers sans famille aux cultures contraires, je pourrais raconter leur maison multilingue en guerre permanente, les PCV vers Londres ou Melbourne en polonais jusque tard dans la nuit, les coups de fil vers Haïfa en arabe marocain les vendredis soir, je pourrais dérouler leurs chroniques houleuses, ruptures définitives, réconciliations soudaines, et aussi leurs rires et leurs joies d'enfants, mais mon vide d'alors, leur devait-il vraiment quelque chose ? N'étais-je pas depuis toujours prédisposée à cet amour dévorant ? Ne l'avais-je pas consciencieusement invoqué des profondeurs de ma solitude ? Les comportements, névroses et loyautés familiales se tissent dans le secret des songes et je n'éprouve ni le besoin ni l'envie de me défausser sur quiconque. Ma pathologie d'alors ne regardait que moi. Ma béance d'adolescente délimite seule les contours de ce récit.

Oui, longtemps, j'ai eu le goût du vide sur le bout de la langue, et sur toute la surface de mon corps. Privée d'amour, orteils nus dépassant de quelques millimètres la pierre de falaise avec, en contrebas, une béance sourde à la bouche close, je n'osais en sonder le fond de peur d'être instantanément aspirée, cependant que ce fond-là miroitait mon désespoir et se faisait l'écho de mon cri silencieux. Et puis, un jour, une chanson de Jean-Jacques résonna entre les roches à pic, rebondit contre les parois et tendit d'une muraille à l'autre un miracle ; un filet de voltige. Un filet de voltige entre le désespoir et moi, filet de pêcheur, marseillais peut-être, mailles fines et noires en losange, nasse solide et rassurante fixée, raide, à deux mètres et demi sous la cime, et tandis que je le contemplais, incrédule et émerveillée, s'étendit alors sur toute sa surface maillée, en un fantastique et imprévisible flocage, le visage élégant et familier de Jean-Jacques Goldman. Il était là, traits calmes et sourire confiant, gigantesque invitation à la voltige, et me disait dès lors qu'il m'était permis de sauter, je ne risquais rien, sa chaleur me retiendrait.

Alors, bout des orteils au vent, j'ai sauté à pic sur un air de guitare sèche et me suis retrouvée ventre contre joue, visage contre nez, tout entière englobée, contenue dans ce visage-là, apaisant en toutes choses, et c'était extraordinaire, mon berceau-filet me raccrochait au vivant, le vide était moins menaçant ; et ainsi ballottée au creux du frêle hamac suspendu au-dessus de ma peur, je ne voyais, le temps de quelques notes, rien d'autre que le ciel de ses chansons.

Aujourd'hui, face à mon écran, à repenser à ces moments acrobatiques qui m'ont sauvée du néant, je veux bien endosser, en signe de gratitude commémorative, et quelques minutes seulement, un brassard siglé de ces trois lettres-là, F, A, N, ces trois lettres plaquées or que je change pour l'occasion en acronyme, histoire d'en ébrouer la persistante connotation aux yeux des plus récalcitrants dont je suis entre les lignes, F A N : Figure Anonyme Nécessaire Fervent Amour Négligé Fleur d'Aurore Naïve Fragile Adoration Nubile Folle Ambition Naine Fiction Amoureuse Nostalgique Faction Armée Nihiliste Fabulation Active Notoire Fumette d'Auteur Navrante Fenêtre sur nos Âmes Nues, je me fabrique un brassard estampillé F.A.N., l'enfile, cadre l'acronyme, appuie sur le bouton « Rec » et commence à rédiger ma missive. Lettre manuscrite bien sûr, sans brouillon, autre exercice de voltige pour l'élève que j'étais dont boucles et petits ponts ne suscitaient pas toujours l'admiration des institutrices.

Cher Jean-Jacques… mais je laisse un peu trop partir la jambe du deuxième *j* alors je froisse, roule en boule, balance dans la corbeille à papier, reprends.

Cher Jean-Jacques,
Je vous écris car je souhaiterais vous rencontrer.

Trop plat, impudique, je froisse, roule en boule, but dans la corbeille à papier, reprise.

Cher Jean-Jacques,
Il est des lettres difficiles à écrire. Celle-ci en est une.

Je tenterai donc d'être la plus concise possible : je travaille depuis quelque temps à un projet de film documentaire dont l'objet consiste à vous chercher à travers Marseille, dans le double espoir de vous rencontrer et de me réconcilier avec cette ville honnie. Car j'ai la certitude que cette quête me permettra de « chercher dans l'exil l'empreinte de mon espace ». C'est pourquoi je souhaiterais vous rencontrer et, si vous en êtes d'accord, vous filmer le temps d'une courte après-midi.

Je précise qu'il semblerait que nous soyons voisins, c'est pourquoi ce détour par Montrouge – alors que j'aurais pu glisser cette lettre dans votre boîte, de l'autre côté du rocher blanc qui nous sépare – m'apparaît absurde, mais je veux bien exceptionnellement me plier aux règles de l'absurde réalité, il faut bien vivre ou, tout au moins, essayer.

Dans l'attente de vous lire, et avec toute mon amitié et mon admiration,

Carine H.

Je plie ma lettre en trois, la glisse dans une enveloppe long format, décolle la bande de papier du rabat, scelle l'enveloppe, y note sur la face recto l'adresse de la maison de production de Montrouge, y inscris au verso mon adresse postale, glisse la lettre dans la fente « Autres destinations » – les vieilles boîtes aux lettres marseillaises semblent considérer tout ce qui n'est ni Marseille ni les Bouches-du-Rhône comme une destination lointaine et étrangère, ayant l'air d'oublier que Marseille est en soi, et pour tous ses habitants, une destination lointaine et étrangère –, et tandis que je visionne quelques minutes plus tard, sur mon minuscule écran à cristaux liquides, les rushes de ce « moment de vie », comme le désigneraient des producteurs de films documentaires, un doute m'envahit. Je ne suis pas sûre d'avoir affranchi la lettre.

Embarrassée à l'idée de ce nouveau lapsus, je le tais à mon compagnon. Et pour réparer un peu de ma négligence, mais peut-être aussi pour goûter à nouveau au ballottement régressif du hamac voltigeur, je cherche aussitôt sur Facebook la trace de Claudine, mon ancienne correspondante et fan absolue de Jean-Jacques à l'époque. La revoir m'apparaît comme une alternative à renouer avec lui, le petit, le dodu, le nôtre d'alors. Je constate avec surprise qu'elle m'a demandée en amie depuis plus d'un mois. J'apprends qu'elle habite dans le Sud elle aussi, à quelques heures de route de Marseille, près de Narbonne, dans une communauté. Je suis curieuse de voir comment cet amour-là a grandi dans sa vie, quelle transformation il a provoquée chez elle de gré ou de force. Nous convenons de nous retrouver en fin de semaine. Elle a hâte que, citant Jean-Jacques, *nous nous parlions de nos vies.*

Je profite des quelques jours où mon compagnon emmène notre fille chez ses parents pour passer la voir. À bord de ma vieille Austin Mini noire à toit blanc, je prends la route en direction de Narbonne et arrive bientôt aux abords d'une bâtisse rustique plantée au milieu d'un jardin bordélique. Claudine vient m'accueillir. Je la reconnais aussitôt, visage poupin, tignasse drue, silhouette sportive, sourire chaleureux ; si ses yeux agrandis accusent une certaine tristesse, tout le reste en elle sourit de mille rayons.

— Tu l'écoutes encore ? me demande-t-elle de but en blanc.

Oui, et comme à l'époque, je me sens un peu seule, car ma fille du haut de ses quatre ans préfère déjà

Gainsbourg ; quant à mon compagnon, la question est carrément taboue. Ça la fait sourire mais je ne lui en dis pas plus, je préfère taire mon projet de film de crainte qu'elle ne déplore son caractère blasphématoire, elle qui avait alors bâti un temple sacré autour du chanteur.

— Et toi ?

Claudine, elle, n'écoute plus Jean-Jacques, trop blessée par ces amours-là mais qu'importe, cette époque est révolue, et elle se réjouit aujourd'hui de suivre « un merveilleux chemin d'évolution » où, entourée d'arbres et de bienveillance, elle travaille à atteindre la pleine conscience. Je l'imagine enlacer des troncs d'arbres millénaires en leur murmurant des mots doux, je la trouve un peu fêlée mais décidément toujours aussi touchante, un apaisement souriant a remplacé son trop grand sérieux de l'époque. Et puis, comme alors, nous nous ressemblons un peu : après tout, moi aussi je suis sur un « merveilleux chemin d'évolution » et, aidée de mon petit jean-jacques replet, je rêve comme elle d'atteindre la pleine conscience.

Nous passons le reste de l'après-midi à flâner parmi les arbres du grand jardin de sa communauté, elle les connaît tous, sait leur nom, leur âge, le nombre de leurs branches, leur taille, leurs nervures, la forme de leurs feuilles, elle me montre son herbier qu'elle n'a pas composé mais dessiné, et je me souviens de son talent pour le dessin. À la fin de notre promenade, elle me dessine assise au pied d'un chêne plusieurs fois centenaire, et esquisse, assis près de moi, traits fins et élégants, visage tourné vers l'ailleurs : Jean-Jacques. Nous promettons, le soir venu, de nous revoir vite. Avant de me quitter, elle me lance en toute insouciance qu'une de ses copines a vu le chanteur se balader la semaine passée dans un petit village aux alentours d'Aix.

— Tu sais qu'il habite à Marseille, c'est marrant, non ?

— Oui, très marrant, dis-je du ton le plus détaché possible, cependant qu'intérieurement je la bénis de m'offrir une nouvelle piste.

— Et elle fait quoi, ta copine ?

— Elle est maîtresse reiki.

— Ah non mais tu sais que ça me passionne, le reiki, j'ai très envie d'essayer !

En toute confiance, Claudine griffonne alors sur un bout de papier les mail et portable de la miraculeuse maîtresse reiki, qu'elle me tend avant de m'enlacer chaleureusement.

— À très bientôt.

Et ces mots, loin de leur habituelle vacuité, résonnent, prononcés par elle, comme une véritable promesse.

À peine installée au volant de ma petite voiture, j'appelle la maîtresse reiki.

— Bonjour, je fais un reportage sur les stars qui viennent s'exiler dans le Sud, une sorte de papier qui comparerait Paris à New York et Marseille à Los Angeles, vous voyez ? Il paraît que vous en avez vu une se promener dans les environs d'Aix ?...

7

Je vous dirai ma vie dans son nu le plus blême

À l'autre bout du fil, la jeune femme à la voix claire m'explique qu'elle a vu Jean-Jacques acheter son poisson au marché du Tholonet, « juste après le château Simone », précise-t-elle comme si j'y comprenais quelque chose. Cette habituée des alentours aixois l'y a croisé par hasard, à deux reprises en quinze jours, elle m'assure que c'est un tuyau solide et me conseille, si je souhaite l'interviewer, d'être sur place avant la fin du marché, « ça vous fera un joli décor pour votre reportage ». Je n'ai aucune idée de l'endroit de ce bled ni de ce supposément familier château Simone, alors je googlemappe et démarre. Dans ma vieille voiture collection Twinings, un lecteur de cassettes dans lequel j'insère une relique que ma mère m'a gentiment envoyée par la poste. Elle en a retrouvé tout un lot quelques jours plus tôt, au fond de cartons pleins de souvenirs que l'ado que j'étais ne parvenait pas à jeter.

Il y a deux semaines, elle m'appelle :

— Carine, il y a une dizaine de cartons qu'il faudrait que tu viennes trier, sinon je jette tout.

Je lui demande de se connecter à Skype et de filmer lorsqu'elle fouille pour moi. Et là, je reconnais mes premières cassettes de Jean-Jacques, celles que j'avais dissimulées à l'époque de la trahison.

— Tu peux jeter tout le reste.

Quelques jours plus tard, je reçois par la poste cinq cassettes surgies d'une autre époque. En sortant du tunnel en direction d'Aix, me voilà qui chante en retenant mon souffle *là-bas, tout est neuf et tout est sauvage* et je ne sais pas pourquoi mais je pense à Marseille, cette ville-pays aux portes de l'Afrique où tout est sauvage et mélangé, Far West libre et de tous les possibles, même si ça dépend des jours, des quartiers et de la force du vent. Je passe devant le panneau de sortie de la ville et me réjouis de la quitter, Jean-Jacques n'est sans doute pas là où je crois qu'il est, je m'en vais découvrir le Tholonet et y acheter du poisson, du loup ou de la daurade, je prendrai aussi quelques branches de fenouil – serrées et rôties contre l'arête dorsale, leur fumet parfume subtilement la chair, peut-être même que je partagerai ma recette avec le chanteur.

Ce qu'il y a de bien, m'avait dit Mia quelques semaines plus tôt, c'est que, pour ton film, tu vas pouvoir réécouter ses chansons. Et elle a raison, j'ai un prétexte en or massif : je dois me préparer à nos retrouvailles. Dès lors, tout est envisageable, Jean-Jacques peut, brusquement inspiré en me voyant, entamer sur un coin de trottoir un air a cappella et m'inviter à le rejoindre dans un duo aussi inattendu que flamboyant, façon *Les Parapluies de Cherbourg*. De quoi aurai-je l'air si je ne peux pas suivre ? Ça me fait drôle rien que d'y penser, cette perspective m'inquiète autant qu'elle m'enchante, mais je mets toutes les chances de mon côté et révise avec ferveur. Et mes cassettes resurgies de leur carton poussiéreux sont providentielles. Quelques mois avant elles, je me souviens avoir cherché sur YouTube un de mes morceaux préférés – que je n'avais pas écouté depuis des décennies, puissance déconcertante de mon masochisme auto-infligé pendant toutes ces années. La chanson s'intitule *Je ne vous parlerai pas d'elle*. Je suis tombée sur une version qui n'était pas celle de mon souvenir et l'expérience était très étrange, comme un jeu des sept erreurs sur support sonore : je ne reconnaissais pas les intonations gravées dans l'or trente ans plus tôt ; dans cette interprétation, Jean-Jacques était plus ondulant, son timbre plus chevronné, les arrangements eux aussi étaient légèrement décalés, bref, quelque chose clochait et je compris bientôt avec soulagement que j'avais affaire à une version ultérieure. Alors je tentai de retrouver la bonne, la première, l'originale ; je mis quelques minutes à la découvrir, cachée parmi la version frelatée dupliquée à l'infini sur YouTube. Et soudain ce fut l'extase : je tenais l'exacte version de mon souvenir, celle qui datait de l'album magique de *Quand la musique est bonne* ; la voix de Jean-Jacques y est juvénile, un peu métallique, un peu fragile aussi, frôlant parfois la fausse note ; ça sent le Jean-Jacques tout neuf qui vient d'éclore, voix suraiguë et énergie fulgurante, et c'est émouvant de comparer ses années de jeunesse – timbre frêle et déterminé – et les versions d'après où, rodé et installé, chanter est devenu pour lui un métier dans lequel il s'épanouit, et non pas un urgent cri d'amour lancé à l'univers pour exister. Il a pris du galon, Jean-Jacques, il est devenu pro, ça reste super bien mais ça n'a pas la même fraîcheur ni la même intensité. Seule devant mon ordinateur, battant le rythme de la tête, je me surpris à hululer avec un parfait tempo la mélodie du saxophone et c'était bon comme une traversée dans le temps, je fermai les yeux et j'avais quinze ans, sourire béat sur le visage, n'en revenant pas qu'une telle émotion fût à portée de clic, et bénissant Internet pour cette double surprise, celle d'avoir exhumé la version d'origine et, après en avoir par erreur écouté une autre, celle d'avoir pu en mesurer le caractère précieux. Ma mémoire de ces chansons-là, apprises comme des prières à un âge où la plasticité du cerveau atteint des records, est totalement intacte. J'en reconnais la moindre intonation, le plus indiscernable chevrotement, la plus infime inflexion au cœur d'un mot, le plus petit serrement du *i* de « vie », tout, absolument tout est mémorisé, enregistré sur des bandes sonores classées dans les pièces mystérieusement ordonnées de ma mémoire pourtant capricieuse. Et, à comparer le présent bien réel à mes souvenirs enfouis, je récite et je chante *je vous dirai ma vie dans son nu le plus blême* les yeux fermés, émerveillée par la puissance de la réminiscence, débitant les mots sans les comprendre, accrochée à leur sonorité et surprise de leur enchaînement, incapable de connaître à l'avance le mot suivant et pourtant l'entendant bientôt vibrer dans ma gorge ; mémoire musculaire mystique de ces syllabes chantées les unes à la suite des autres comme un mantra scandé dans un sanskrit sacré et incompréhensible.

La route vibre sous les maigres essieux de ma vieille voiture tape-cul. À portée de main, en pagaille sur le siège passager, tous les albums de ma jeunesse. J'insère à présent la cassette originale de l'album *Quand la musique est bonne* et me voilà, quelques avances rapides plus tard, les deux mains sur mon volant, hululant à nouveau la mélodie finale du saxophone et battant méthodiquement le rythme de la tête. Puis la chanson s'arrête. Et je plonge dans le silence gravillonneux des interstices de la vieille bande magnétique.

Je crois que je me suis perdue, je guette la pancarte du Tholonet mais en vain, j'ai dû la dépasser alors j'amorce un demi-tour. Et tandis que je parcours, en la rebroussant, la bretelle d'autoroute, je repense à toutes ces vies pleines de manque et de chansons. « Chansons que tout cela ! » disait Molière, mensonges, blabla, fantasmes, rêves idiots. Une chanson, c'est pourtant à la fois très petit et très grand, une mélodie fluette qu'on se fredonne pour se donner du courage, une histoire d'amour triste ou gaie qu'on se raconte pour raviver la chaleur du monde, un appel lancé vers le ciel comme une prière pour apaiser nos cœurs, l'émotion d'un instant mise en ondes. Les chansons qui m'ont bercée, et celles de Jean-Jacques les premières, ont découpé ma vie en temps suspendus et rassurants, desquels surgissaient sans faillir notes et mots tels qu'à la première rencontre. Les chansons ne m'ont jamais trahie, à portée de clic ou d'oreillette, et fidèles pour l'éternité, sourires amis dans la nuit glacée qui rappellent aux tristes et aux découragés que s'il n'est pas tout à fait certain que l'amour existe, les chansons d'amour, elles, existent bel et bien et cela suffit à ma joie.

Après m'être une nouvelle fois perdue dans les bleds alentour, j'arrive enfin au Tholonet. Il est quatorze heures quinze, le marché est terminé, les stands sont repliés, seules quelques cagettes à moitié remplies de fruits et légumes défraîchis gisent encore à cheval entre trottoirs et caniveaux. Le dernier camion démarre et laisse la placette à l'abandon. Tant qu'à faire, puisque je suis là, je prends ma caméra et m'en vais filmer les rues désertes. Qui sait, Goldman aime peut-être à s'y promener, son poisson encore frétillant à la main.

Le lendemain de ma mésaventure tholonétienne, j'apprends grâce à Édouard, prévenu par mon compagnon et embêté que sa piste n'ait rien donné, que le fils de Jean-Jacques aurait ses habitudes dans un restaurant du côté du palais Longchamp. « C'est une piste sûre, Carine. » Alors je saute dans un tram, pousse quelques minutes plus tard la porte d'une cantine italienne et m'installe à une table étroite collée à l'entrée, en plein courant d'air. Pas question de manquer l'apparition du fils de Dieu. Je commande des gnocchis aux palourdes et me filme trente secondes en train d'expliquer la situation (on ne sait jamais, devant mon banc de montage, mieux vaut me donner le choix entre un selfie vidéo, si douteux soit-il, et la surexploitée voix off). Puis je tourne l'objectif et cadre la porte, immortalisant mine de rien chaque nouvel entrant sur mes pixels premiers prix ; s'ils savaient, certains regretteraient leur chemisette ou leur robe vintage trop serrée. Une vingtaine de gnocchis et un carafon de rosé plus tard, je me sens lasse ; pourquoi n'ai-je pas été fan de Bowie ? À l'heure qu'il est, je serais en train de rôder dans les ruelles de Londres sur les traces des derniers instants de vie du chanteur, je testerais les tout derniers lieux en vogue dédiés à Ziggy Stardust, flânerais dans des rues interlopes, visage zébré d'un éclair rouge orangé, et goûterais à d'incroyables cocktails au nom de ses chansons. Un let's dance s'il vous plaît, et aussi un space oddity. Au lieu de quoi me voici attablée à me gaver de pâtes, entourée de provinciaux barbus et soigneusement peignés. Tout ça pour des chansons. Je me ressers du rosé et repose le carafon un peu brusquement, sans m'apercevoir que j'ai fait bouger la table. Lorsque, un peu plus tard, je découvre que ma caméra filme depuis quatorze minutes et trente-neuf secondes un coin de plafond écaillé, je préfère encore éteindre l'appareil et m'en aller régler l'addition au comptoir. En repassant devant ma table pour récupérer ma veste, je découvre le dos de mon voisin de gauche qui vient tout juste de s'installer. Je remarque son cou d'oiseau, ses cheveux bruns, sa silhouette menue. Serait-ce Michaël Goldman, le fils de JJG ? Au nom du père, du fils… Instantanément cramoisie, je m'affole, me rassieds en manquant de basculer en arrière, fais tomber ma fourchette, m'empresse de la ramasser, rallume ma caméra le plus discrètement possible et la tourne vers lui, mais mes gestes sont approximatifs et je ne parviens qu'à filmer son assiette de charcuterie, alors je m'insulte intérieurement cependant que le temps m'échappe. Que faire ? Lui parler ? Mais par où commencer ? Le fils de Jean-Jacques relève la tête, nos regards se croisent et il me donne enfin à voir son visage. Mignon, mais ça n'est pas lui. Voyant ma mine chiffonnée, le type lâche d'un air amusé :

— C'est agréable.

Et je sais qu'à cet instant j'ai vraiment l'air sinistre.

— Ah non, c'est pas vous, c'est juste que… je vous ai pris pour quelqu'un d'autre.

— Qui ça ?

— C'est sans importance.

— Ah si si, ça m'intéresse.

Il paraît sincère. Alors je tire la chaise qui lui fait face, y pose un coin de fesse et commence à lui expliquer la trahison, la sauce au thé vert, l'exil, et ma seconde peau qu'il me faut rapiécer. Et j'évoque aussi bien sûr Jean-Jacques et son fils. Je m'interromps pour boire une gorgée d'eau alors il s'infiltre dans la brèche.

— Michaël Goldman ? Il travaille deux blocs plus bas.

Je lui suis tellement reconnaissante que je ne prends même pas le temps de m'agacer de cette habitude déconcertante qu'ont une poignée de Marseillais de prendre leur ville pour New York. Certes, quelques New-Yorkais francophiles trouvent à Marseille une énergie qui ressemble à celle de la Grande Pomme (le rap, les graffitis, la violence, le site portuaire, une indéniable créativité urbaine), mais de là à proférer « deux blocs plus bas », un peu de sérieux, personne ne dit ça hormis un type de Marseillais un peu snobs (eh oui, cette curieuse engeance existe) qui ont beaucoup voyagé et ne peuvent s'empêcher de le sous-entendre à la moindre phrase ; ici une expression en espagnol, là un mot en dialecte marocain, et parfois une surprenante prononciation italienne de « tomates mozzarella ». Mais peu importe, je remercie chaleureusement le globe-trotter multilingue, embarque ma caméra, marche d'un pas vif et me plante deux rues plus loin, de l'autre côté du trottoir, face à l'entrée de l'immeuble-sésame. Là, je rallume ma caméra, entre dans la boulangerie qui offre une perspective parfaite sur l'immeuble à épier, et y achète une bouteille d'eau que je prends un temps fou à payer et à boire, tout en jetant des regards faussement négligents sur mon petit écran digital qui cadre la porte cochère de tous les possibles. Et j'attends. J'attends plusieurs longues minutes durant lesquelles il m'arrive aussi de filmer les tomettes de la boulangerie et le trottoir jonché de mégots. Un quart d'heure plus tard, la vieille boulangère maquillée comme un camion à pizza volé commence à faire un peu la gueule, alors j'amorce la conversation. Et je ne me souviens plus par quel mystérieux enchaînement nous en arrivons à :

— Ça vous irait bien, les pendants.

Les quoi ?

— Les pendants, ça vous égaierait le visage.

Et elle désigne avec un accent totalement pagnolesque ses boucles d'oreilles à pampilles. Sur le point de répondre, je vois à cet instant se dessiner sur mon retour vidéo une frêle silhouette masculine qui sort de l'immeuble de l'espoir ; je n'ai pas le temps de bien la distinguer mais je veux en avoir le cœur net, alors je prends congé de ma nouvelle copine et des morceaux de lustre accrochés à ses lobes, et je file sur les traces du probable fils de Dieu.

En ce début d'après-midi, les rues de Marseille soufflent un air doux et frais qui caresse, une brise inhabituelle qui tranche avec le mistral qui gifle et échevelle. Sur l'avenue Longchamp, pas un bruit sinon l'expiration des tramways et les feuilles des platanes qui volettent au ralenti. Je suis l'inconnu d'un bon pas mais comprends bientôt que je n'ai pas envie de le rattraper si vite. Je préfère prolonger cet instant qui fourmille de possibles, ce moment suspendu que le fils de Dieu cocrée avec moi à son insu et au détour duquel l'incroyable peut advenir. Lui – si c'est bien lui – peut se retourner et me dire en souriant venez je vous emmène chez mon père je vous donnerai les clés de sa maison et de son âme vous n'avez rien à craindre il est très gentil un peu réservé et austère mais profondément humain il ne vous aboiera pas dessus au contraire il vous accueillera avec un sourire presque timide vous proposera peut-être un Coca et vous demandera les raisons de votre choix les racines de votre désir car mon père a besoin de comprendre ou en tout cas d'essayer de toutes ses forces.

Je filme les cimes des platanes par en dessous, et j'ai l'impression d'évoluer dans la vidéo d'un spectacle de danse contemporaine projetée sur l'immense écran de fond de scène du Théâtre de la Ville à Paris. Sur cette scène, dansant devant l'écran, mouvantes et merveilleuses surfaces de projection, s'ébrouent les danseurs aux corps fantastiques de Pina Bausch. J'ai toujours rêvé de filmer comme danse la troupe de Pina Bausch, pieds nus, cheveux lâchés, robe de soirée ou smoking, décolleté nonchalant, sourire moqueur et bienheureux. La légèreté profonde de la chorégraphe m'a bouleversée dès notre première rencontre et n'a jamais failli. Est-ce parce que, loin de faire tache en société comme mon jean-jacques, Pina est au contraire un marqueur social ? Sans doute que je ressens une fierté de bonne élève à aimer tout à fait sincèrement ce qu'il est en certaines occasions de bon ton d'aimer.

Cependant, si j'ai su enfouir certains de mes mauvais goûts, j'ai toujours redouté que mes inclinations supposément correctes ne se figent dans des certitudes aussi définitives que confortables. Ainsi, avant chaque spectacle de Pina, je me souviens, j'étais partagée entre l'immense excitation de ces retrouvailles de début d'été et l'appréhension d'être déçue. Et assise, genoux au menton, sur mon strapontin du rang G, je lui disais les yeux dans les yeux cette fois tu ne m'auras pas, je ne vais ni pleurer ni hurler au génie, j'ai tout oublié, tu sais, je ne sais plus qui tu es ni ce que tu as fait, et je viens à toi vierge et ignorante, alors séduis-moi si tu le peux. Ces moments distanciés et méfiants ne duraient pas et je me retrouvais dix minutes plus tard à nouveau conquise, embarquée dans sa gigantesque main de King Kong poétesse, robe de soirée longiligne et silhouette dansante, écrasant de ma main – minuscule en comparaison – une larme d'émotion pure, ni joie ni tristesse, juste le soubresaut du beau. Pina, monstre merveilleux.

Filmer, écrire, danser comme un monstre merveilleux. À regarder les cimes des arbres par en dessous, voilà que je m'emballe, émerveillée de fabriquer ma propre illusion, le fils de Dieu marche devant moi d'un pas souple parmi les feuilles qui planent et moi, je découvre Marseille la tête en bas ; dans cette perspective, la ville est jaune et bleu et – oserai-je le dire ? – merveilleuse elle aussi, tournée vers le soleil et le ciel, affranchie de son asphalte qui leste et qui réprime, transfigurée Marseille la marchande, anoblie Marseille la populaire, contemplative Marseille l'hyper réelle, devenue une authentique et improbable invitation à la rêverie. Si le sol de Marseille me colle aux basques et m'englue de désespoir, ses ciels surprenants m'invitent à la danse de la joie. Les cimes de ses platanes sont ma promesse enchanteresse. *Envole-moi,* et voilà que Marseille m'envole. Le fils de Dieu arrive bientôt au carrefour des Réformés puis, tournant à droite, s'enfonce dans les dédales de Belsunce. En une fraction de seconde, je le perds de vue. Serais-je, ces temps-ci, sujette à ces lapsus qui consistent à perdre la trace de celui après qui je suis censée courir ? Si tel est le cas, loin de remettre en question la motivation de ma quête, je préfère penser que Jean-Jacques joue les prismes structurants, les filtres magnifiques, les accoucheurs d'enfants illégitimes ; je préfère clamer haut et fort qu'il est ma plus belle excuse, celle qui purge mon monstre intérieur et laisse entrer un peu de lumière et d'espoir à l'intérieur de moi. Pieds nus, cheveux lâchés, robe de soie bleu nuit, je volette en plein jour entre les cimes des platanes tel un monstre merveilleux. Jean-Jacques à côté de moi.

8

Casting de rêve

Je n'ai pas l'intention de retourner au Tholonet, la maîtresse reiki, que je me suis décidée à recontacter, m'a assuré que Jean-Jacques n'y allait plus, dixit les commerçants du village – et je ne peux m'empêcher de penser qu'il sait que je sais et que c'est précisément pour ça qu'il est parti, comme un étrange et tacite jeu du chat et de la souris entre nous. Je n'ai pas non plus l'intention de retourner chercher le fils de Dieu – après tout, mieux vaut s'adresser au bon Dieu qu'à, etc.

Me voici donc sans l'ombre d'une nouvelle piste et tandis que je visionne, matinale et découragée, les rushes de ces premiers jours, je constate qu'à une ou deux silhouettes indistinctes près, ce ne sont que successions silencieuses d'horizons obstinément bleus et de ruelles désertes. Ne manque qu'une voix off neutre à tendance mélancolique et j'aurai, à défaut du film documentaire amusant et rythmé que je projetais de fabriquer, la matière brute d'un film expérimental éprouvant de lenteur, dont les chances de sélection au Festival international du film documentaire de Marseille sont hautes, c'est dire son degré d'ennui. Par conséquent, et à moins de miraculeuses trouvailles de montage, je dois urgemment reconsidérer ma méthode.

Un film chiant est, à quelques rarissimes – et là encore, militantes – exceptions près, le cauchemar de tout réalisateur, qu'il soit amateur ou confirmé ; il se distingue à bien des égards du livre chiant qui, lui, peut être gracié, sauvé, lu en diagonale, à l'envers, par petits bouts, malmené, tordu, calé sous une table branlante, révélé sous l'effet de psychotropes surdosés ou de musiques puissantes, interrompu pendant des semaines puis repris en ayant tout oublié, lu jusqu'au bout sans rien y avoir compris, mais avec cette naïveté toute respectueuse qu'ont certains lecteurs envers les caractères imprimés – et je leur ressemble. Bref, les usages d'un livre chiant sont multiples, pour ne pas dire infinis. Tandis qu'un film chiant, à moins de lui couper le son, de le diffuser en accéléré ou de le crypter, c'est-à-dire à moins d'être vidéaste ou psychotique, est impossible à sauver : un film chiant impose son rythme interne et déroule ses séquences telles qu'elles ont été bâties et cousues les unes aux autres par les monteurs et réalisateurs. Je repense alors à ce qu'une amie scénariste m'a confié un jour, elle que le cinéma et ses contraintes agacent au plus haut point : quand on ne peut pas filmer ce qu'on veut – au hasard, Jean-Jacques Goldman ou des hélicoptères avec Jean-Jacques Goldman à l'intérieur –, on se débrouille avec ce qu'on a autour de soi – une tasse, un pan de mur défraîchi, un copain comédien pas toujours juste, des trottoirs, des fenêtres, des fils électriques, un ventilateur. Cette foutue dimension économico-industrielle, l'autre nom de la réalité, est une des nombreuses et ô combien tragiques différences entre le cinéma et la littérature, qui a laissé plus d'une réalisatrice frétillante d'enthousiasme mourir d'épuisement sur le bord de la route. Il faut me rendre à l'évidence : à défaut de longs travellings en bordure de corniche à filmer ma complicité naissante avec Jean-Jacques, je n'ai d'autre choix que celui de mettre en scène notre rencontre imaginaire. En attendant la vraie, bien sûr. Je filmerai donc ma rencontre rêvée avec Jean-Jacques, la première et la fondatrice, porte entrouverte, regards échangés, surprise, gêne, sourires, questions, trompettes et claviers surgissant de l'asphalte brûlant à la rescousse de nos duos improvisés, conversations, fous rires, complicités, promenades silencieuses et contemplatives (un instant on croirait la bande-annonce, mais sans costumes victoriens ni taches de rousseur, d'un film de James Ivory). Pour l'heure, et ce quels que soient mes choix de mise en scène, j'ai de toute urgence besoin d'un figurant, voire d'une silhouette parlante. Et cette personne n'a qu'un seul critère à respecter pour s'assurer de mon offre ferme d'embauche non rémunérée : ressembler en plan large et en plan serré à Jean-Jacques Goldman. Je rédige et poste donc une annonce sur un réseau d'intermittents du spectacle marseillais, catégorie sociale alliant, onze mois et demi par an sinon plus, port de tongs Havaianas, discours syndicalistes et élégies méditerranéennes.

« Dans le cadre d'un projet de docu-fiction, je suis à la recherche de comédiens entre 25 et 60 ans, présentant une certaine ressemblance avec le chanteur Jean-Jacques Goldman. Conditions financières de court métrage. »

J'ai bien conscience qu'à deux reprises j'opte pour la facilité : je définis mon film comme un projet de docu-fiction, registre hybride et fourre-tout s'il en est ; et je cible large en termes de tranche d'âge, n'ayant ni le temps ni les moyens de chipoter. Quant aux conditions financières, aucun commentaire (et j'affûte déjà l'argumentaire tristement éculé, et ce malgré les réformes législatives successives : « Tu as la chance de faire du cinéma, tu ne voudrais pas en plus être payé. »). De toute façon, il y a gros à parier que la moitié des gens qui me liront ne retiendront que « sosie de Jean-Jacques Goldman », jetteront un coup d'œil à leur miroir et passeront à l'annonce suivante. Tandis que mon petit texte fait l'objet d'une vérification par le modérateur du site – que j'imagine Havaianas aux pieds, dreadlocks molles et écharpe de l'OM autour du cou, sirotant devant son vieil iMac vert acheté sur leboncoin un Pac à l'eau ou à la bière, ça dépend de la température de la matinée –, je me dis que ça ne devrait pas être si compliqué que ça : Jean-Jacques est certes joli garçon mais il n'a pas un physique exceptionnel. Brun, cheveux raides, silhouette longue à tendance maigre, visage fin, traits réguliers, regard pétillant, sourire craquant… OK, ça ne va pas être si simple en fait. Quelques minutes plus tard, me voilà bombardée d'une trentaine de mails d'hommes de tous âges et de physionomies diverses.

Après un premier tri, j'affiche les unes à côté des autres une dizaine de photos de tous ces faux jean-jacques et j'ai le vertige, l'impression étrange et déprimante que ces types sont *presque* lui, un peu comme je suis, et depuis des années, *presque* moi. Passé la phase du bizarre, je me dis qu'il y a forcément quelque chose à faire de tous ces visages qui se ressemblent un peu mais pas tout à fait, qu'après tout ils sont autant de tasses, de murs défraîchis, de ventilateurs disponibles et d'accord pour être filmés gratuitement, et c'est une chance – en l'occurrence la mienne. Et bientôt, comme la jolie fille de *American Beauty* baignant dans mille pétales de rose, je m'imagine entourée de mille jean-jacques de pacotille, sourire paisible et idiot aux lèvres. Et pourquoi d'ailleurs ne pas filmer ma séquence de rencontre rêvée avec non pas un mais plusieurs jean-jacques ? Histoire d'éviter l'écueil sirupeux du coup de foudre, mais surtout, soyons honnêtes, histoire de rigoler un peu et de rêver franchement.

Je sens que je réinvestis le prénom, je m'installe à califourchon sur le trait d'union, j'ouvre les lettres comme on ouvre des fenêtres, *a*, *c*, *q*, *u*, *j*, *e*, *n*, *a*, *j*, *s*, *e*, je gonfle ces deux syllabes et demie d'autre chose, leur associe une épaisseur inédite, les boursoufle de nouveauté et d'aventures, je voudrais les partager avec la terre entière, me sens l'âme soudain généreuse, à sonder le moral du monde et à souhaiter le redresser. Comment font les gens ? Comment font ceux qui n'ont pas leur jean-jacques ? Ils demeurent sans doute murés dans leur peur, mutiques et errant en camisole sur une terre sans vie, dans un no man's land crépusculaire où musique, danse et joie sont proscrites. Comment font-ils, ceux qui ont perdu leur maison ? Retrouvent-ils un jour un peu de cette brèche d'imaginaire qui aide à supporter la douleur ? À quoi ressemble l'exil, le vrai ? À un scalp du corps tout entier, une écorchure à vif, une disparition terrifiante du derme protecteur qui expose à toutes les flèches ? À une morsure de chaque seconde, une existence hors sol, une langue perdue qui ne se parle plus que dans les rêves ? À des visages familiers qui s'effacent chaque jour un peu plus, à une suffocation qui étrangle et étouffe et laisse sans voix dans la nuit glacée ? Comment font ceux qui n'ont pas leur jean-jacques pour s'en aller traquer le familier au cœur de l'inconnu ? Contrairement à mes ancêtres et à des centaines de milliers d'êtres humains, j'ai de la chance : non seulement mon exil nanométrique est scandaleux de douceur, mais surtout j'ai mon jean-jacques. Et la bonne nouvelle, c'est que je ne vais pas tarder à le rencontrer. En vrai, à plusieurs ou pas du tout. Et ça n'a aucune importance.

J'ai arrêté mon choix sur sept figurants et leur ai donné rendez-vous à chacun à vingt minutes d'intervalle au parc Valmer, un jardin d'enfants vallonné en bordure de corniche, derrière le Théâtre Silvain. Je souhaite les filmer en lumière naturelle et tant pis si l'endroit est bruyant, leur timbre de voix m'importe peu, je ne leur demanderai ni de me parler ni de me chanter une chanson. Assise sur une balançoire en forme de poisson, j'attends depuis dix minutes lorsque le premier comédien surgit. Il porte un canotier, un short et une chemise à fleurs, et il a pris quelques kilos par rapport à la photo. Il ressemble plus à Carlos qu'à Goldman et c'est un souci. Je ne le lui dis pas, les comédiens sont une espèce sensible, et m'apprête à engager la conversation, mais il me devance.

— Alors comme ça, tu fais un film sur Goldman ?

Je le remercie intérieurement de ce tutoiement qui signe notre appartenance à la grande et belle famille du cinéma, branche ultra-fauchée.

— Et tu as eu l'idée comment ?

À l'écoute de ses deux questions, j'anticipe déjà de devoir y répondre environ sept fois durant les trois prochaines heures, si bien que je choisis de reprendre la main :

— Et toi, enfin vous, enfin bref, qu'est-ce que ce projet vous évoque ?

Carlos paraît surpris. Visiblement il ne s'était pas préparé à être questionné et pensait sans doute être celui qui ferait passer l'entretien, ce qui n'est pas totalement absurde dans le cas d'un boulot non rémunéré. Le voilà alors qui sourit et j'en suis toute bousculée : son sourire est un ravissement, une brèche harmonieuse dont il semble totalement ignorer l'effet. Certes, ce sourire-là n'est pas celui de Jean-Jacques, c'eût été miraculeux, cependant voir Carlos s'illuminer ainsi de l'intérieur met de la joie entre nous – les sourires sans arrière-pensée m'ont toujours fascinée, petite virgule de sacré qui surgit n'importe où n'importe quand et peu importe le support, le rebondi des joues, le teint verdâtre, la vilaine coiffure ou le double menton, peu importe le décor, la pluie, la grêle ou la grisaille des murs tout autour, un sourire authentique canoniserait les visages les plus ternes et les plus maussades pissotières.

— Je n'y ai pas réfléchi, je fais ce métier pour les rencontres, j'avais envie de vous rencontrer et voilà (et je le remercie silencieusement de ce vouvoiement retrouvé qui marque d'une temporalité respectueuse l'espace vierge entre nous). Je sais, j'ai pris quelques kilos mais, à une époque, pas mal de potes disaient que je lui ressemblais, alors je suis venu, par pure curiosité. Mais vous savez quoi ? En fait c'est vous qui lui ressemblez. En version fille bien sûr… *(Quoi ?!)* C'est vrai, vous êtes brune *(indéniablement)*, mince *(impossible)*, bon vous n'êtes pas très grande mais en même temps lui non plus *(c'est gentil quand même, si si, je vous assure)*, vous avez le visage fin, le menton et le nez un peu pointus, les yeux noirs, les cheveux bruns plus raides que frisés… Et puis aussi ce très léger cheveu sur la langue. Vous avez l'air surprise. On ne vous l'avait jamais dit ?

Une bulle a gonflé autour de moi, improbable sphère qui joue les zones tampons entre mon corps et l'incroyable nouvelle, et j'en repousse les parois le temps de reprendre mon souffle. Je suis estomaquée par ce que je viens d'entendre. Non seulement on ne me l'avait encore jamais dit, mais je n'aurais jamais cru qu'une telle chose fût simplement concevable ! Ce que vient de me révéler Carlos est prodigieux, alors que je ne suis pas du tout sûre d'être là, voici qu'il crée une filiation nouvelle entre Dieu et moi, j'ai envie de lui pincer les deux joues, de le serrer fort et de sautiller frénétiquement autour de lui en souriant à m'en figer les muscles malaires. Cependant ce compliment réveille ma crainte de disparaître à nouveau : ayant mis des années à discerner parmi l'indescriptible fouillis de mes traits mon reflet dans le miroir, vais-je tenir le choc face à la miraculeuse apparition ? À chaque rencontre dans une glace, mon visage ne risque-t-il pas de s'effacer systématiquement derrière celui de Jean-Jacques ? Il me faut pourtant surmonter ma peur et me répéter que, loin d'être une malédiction, cette ressemblance tisse au contraire un lien de plus avec Jean-Jacques, comme un nouveau clin d'œil de l'Univers dont Mia se réjouit à des centaines de kilomètres d'ici, *il suffira d'un signe*, oui d'un signe, un autre encore, alors merci Carlos, tu es un bienheureux ! Soudain pleine d'une gratitude ensoleillée à son égard, je lui annonce que s'il arrive à perdre un à deux kilos, voire deux cents grammes (c'est cadeau), je serai ravie de le filmer. Il me remercie, amusé de ma mine enchantée, me sourit encore – et c'est à nouveau doux comme un sucre – et je vois bientôt sa silhouette ronde et chaleureuse, sertie entre Birkenstock et canotier rayé, s'éloigner avec la nonchalance d'un film de Jean Yanne. Je le regarde rapetisser et me dis qu'il a raison : on fait ce métier pour rencontrer des gens.

Mais déjà le candidat suivant se profile à l'entrée du square. Je le vois venir vers moi et le changement d'ambiance est radical. Les gens transportent avec eux tout un attirail invisible d'accessoires, de décors et de lumières et, quand certains accrochent en entrant une boule à facettes aux mille scintillements juste avant de balancer sur les platines un joyeux air disco, d'autres au contraire transforment une pièce ensoleillée en grotte humide et froide, rideaux tirés, fenêtres verrouillées, toute vie, toutes lumières aspirées, dressant des lignes noires et métalliques en travers d'eux qui interdisent toute rencontre. José, lui, est d'un troisième genre : de ceux qui entrent et que personne ne voit, regard terne et goût d'asperge blanche trop cuite ; il n'a pas grand-chose dans son baluchon invisible sinon une gomme et de la peinture couleur taupe ; il sent l'ennui et la télé allumée toute la journée sur des jeux télévisés et, comme il a l'air gentil, ça fiche encore plus le cafard. Bref, difficile de ne pas avoir le cœur brisé et les grosses boules en voyant le sourire de José un peu trop fébrile pour la circonstance (pour mémoire, un casting non rémunéré pour le film nébuleux d'une illustre inconnue). Je constate par ailleurs que la photo qu'il m'a envoyée est extrêmement flatteuse.

— Bonjour, vous êtes Carine ?

— Oui, et vous José donc.

— Oui.

— Asseyez-vous, José.

— Merci.

Il tente avec maladresse de s'asseoir sur un des barreaux de l'échelle du toboggan, mais l'espace est trop étroit si bien qu'il se coince le dos. Je fais comme si je n'avais rien vu et lance d'un air faussement enjoué :

— Alors José, parlez-moi de vous.

Il croise mon regard. Le temps flotte entre gêne et neurasthénie.

— Vous êtes déçue.

— Pardon ?

— Si, je le vois bien, vous êtes déçue, par rapport à la photo.

— Ah non non pas du tout !

Je suis une médiocre menteuse.

— C'est pas grave, vous savez, j'ai l'habitude.

José se désemboîte de l'échelle en grimaçant et me tend la main.

— Au revoir, et bon courage pour votre film.

— Ah bon ? Mais… Merci.

Je le regarde s'éloigner en essayant de chasser ma mauvaise conscience, mais voilà qu'il fait demi-tour et s'avance vers moi d'un pas décidé, avant de s'immobiliser à quelques centimètres de ma tête de poisson.

— Faites-moi faire un essai, juste un seul.

Je suis totalement prise de court.

— Mais bien sûr, très bien, installez-vous !…

Il s'assied cette fois sans hésitation sur la petite baleine juste à côté de moi et, tandis que j'allume ma caméra, il sort un poudrier, commence à se repoudrer comme une vieille dame coquette, puis repose la houppette, rabat le miroir et me dit, charmant et assuré :

— C'est quand vous voulez.

À présent maquillé, José me donne à voir un tout autre visage de lui : pétillant, à l'aise, follement sympathique, il semble être devenu quelqu'un d'autre. Je commence à le filmer.

— Parlez-moi de vous, José.

— Pas question, c'est trop ennuyeux, je préfère parler de gens comme lui. Vous savez quel risque courent Jean-Jacques Goldman et les célébrités en général ?

— … Non.

— De devenir comme Robin Williams.

— Je ne comprends pas, ils risquent de finir morts ? Suicidés ? On en est tous plus ou moins là, non ?

— Flous. Ils risquent de devenir flous. Ou invisibles. Vous avez vu *Harry dans tous ses états* ?

— Oui.

— Eh ben voilà.

Et d'un air d'évidence, il ouvre la paume de sa main droite au bout de son bras replié, cocotte lasse et blasée. Je dois avoir l'allure d'un poisson-clown gonflé d'incompréhension, si bien qu'il poursuit :

— À force de trop exploiter leur image, les gens célèbres finissent par l'user et ne se fixent plus correctement sur la pellicule. C'est leur façon à eux de se révolter et de dire stop, ça suffit, j'ai droit à ma vie moi aussi ! C'est pour ça que des gens comme vous ont besoin de gens comme moi, tout neufs et parfaitement filmo-persistants. Je vous fiche mon billet que j'apparaîtrais mille fois mieux à l'image que si vous le filmiez lui !

À cet instant précis, je crains que José ne se soit échappé d'un hôpital psychiatrique. Mais le fait est qu'il capte formidablement bien la lumière. Alors même s'il ne ressemble pas du tout à Jean-Jacques Goldman, je décide de le prendre pour mon film.

Sur les cinq autres personnes que j'ai convoquées, trois seulement sont venues et je les ai toutes castées. À ceux qui me trouveraient trop peu exigeante dans mes critères d'embauche, je rétorquerais tasse, ventilateur et fils électriques. Mes trois nouvelles recrues sont brunes, cheveux raides, de taille et de corpulence moyennes, visage avenant et traits fins ; ils ne ressemblent pas vraiment à Jean-Jacques mais ils ont comme un air de famille. Le premier se prénomme Fedor, il est serbe et ne parle pas un mot de français ; le second, Dastan, est afghan, il a accompagné son copain serbe en pensant trouver un tournage hollywoodien et a visiblement l'air très déçu ; quant au dernier, Sauveur, il a eu un problème de bus à Salon-de-Provence, un problème de train à Miramas, et s'excuse de ses vingt-cinq minutes de retard. Ces trois hommes n'ont aucune expérience de jeu et, pour deux d'entre eux, un français aléatoire, mais c'est tant mieux, je ne leur demanderai pas de déclamer face caméra des vers de Jean-Jacques ou de Molière. Je me réjouis donc d'avoir déniché cinq jean-jacques goldman en carton qui trépignent, presque autant que moi, à l'idée que je les filme. Je baigne dans la satisfaction palpable de ces clins d'œil de l'Univers, pouces discrètement levés vers le ciel.

Je poste le soir même une seconde annonce sur le réseau des intermittents : « Cherche caméra/wo/man autonome et motivé/e pour une journée de tournage à Marseille. Conditions de court métrage. » Et reçois trois messages dans la foulée. L'un d'eux attire plus particulièrement mon attention.

Chère Carine,

Je déteste Jean-Jacques Goldman probablement autant que vous l'aimez (sinon plus, mais est-ce possible ?), je pense donc pouvoir apporter à votre projet un regard exigeant et iconoclaste.

Bien à vous,

Caroline.

Je réponds aussitôt :

Merci Caroline, rendez-vous au parc Valmer demain à midi ?

Le lendemain je découvre, en arrivant au parc, une petite brune assise sur ma balançoire en forme de poisson. Elle se lève en me voyant et me tend la main.

— Bonjour. Caroline.

— Bonjour. Carine.

Elle me fait l'étrange effet de mon clone en version futée.

— Alors qu'est-ce que je dois faire exactement ?

Me faire chier un maximum, comme tous les bons cadreurs et chefs opérateurs, elle doit savoir faire, non ? Je plaisante (mais elle m'a écoutée avec un grand sérieux) et poursuis : je n'ai pas beaucoup d'exigences, sinon celle d'un steadycam, pour le reste, le soleil de Marseille devrait nous assurer une belle lumière, et ma caméra qui n'a qu'une focale fera des miracles entre ses mains. Caroline est OK, d'autant, m'apprend-elle, qu'elle couche avec un steadycamer intermittent. Elle me demande quand je pense tourner, et consulte son application météo : « Il brille un soleil constant les sept prochains jours », note-t-elle, puis ajoute : « C'est ça qui est bien à Marseille. » Je ne relève pas et souris au contraire, ayant conscience que ne pas me réjouir dans ce cas précis relèverait de la psychose. Je lui demande ses disponibilités : immenses, vastes, totales, elle ne fait rien ces temps-ci sinon fumer de l'herbe en écoutant les Clash. Nan, c'est pas vrai, elle déconne. Je lui demande de patienter le temps que je rappelle un par un mes cinq jean-jacques pour sonder leurs agendas. Rendez-vous est pris le mercredi suivant, soit dans cinq jours exactement, pour une grosse journée de tournage qui débutera à huit heures pétantes, corniche Kennedy, pile à la portion décrite, magnétique, dans le roman éponyme. Qu'ils viennent tels qu'ils sont, la journée promet d'être mémorable ou tout au moins fort sympathique (« c'est vrai, me dit Sauveur, on n'est pas cher payés alors autant rigoler un peu »). D'ici là, ça me laisse quelques jours pour préparer, découper et storyboarder la petite dizaine de plans que je projette de tourner. Je me souviens soudain que cela fait bientôt cinq ans que je n'ai pas dirigé d'équipe ni de comédiens. Je sens la tension monter, et c'est bon comme un premier jogging après des mois passés à rééduquer une cheville foulée. Ça fait mal et ça fait peur, mais on se sent vivant.

8 + 1

Cinéma

La veille du tournage, mardi 7 juillet, je ne peux m'empêcher de penser que 8 est aussi le chiffre de l'infini et je ne m'étonne qu'à moitié de ce hasard – autre lapsus de ma part ou bien nouveau clin d'œil de l'Univers – qui me fait associer le cinéma à l'éternité.

Comment faisaient les gens avant le cinéma ? De quoi étaient faits leurs rêves, leurs songeries, leurs espoirs ? Où se fabriquaient-ils leurs films intérieurs ? Par quoi étaient soutenus leurs souvenirs, s'ils ne disposaient pas d'images filmées, stockées quelque part dans leur cerveau, pour stimuler et nourrir leur mémoire ? Fallait-il savoir peindre ou s'entourer de tableaux pour mieux rêver ? S'imprégner des heures durant des vitraux d'églises ? Ou bien les écrits à eux seuls faisaient-ils tout le travail ? Combien de cinéastes nés trop tôt sont-ils morts fous ou mystiques et totalement ignorants de leur mal ? Si une maigre portion d'entre eux devenaient peintres, musiciens, écrivains ou conteurs, qu'arrivait-il à tous les autres ? Et les rats de cinémathèque, à quoi passaient-ils leurs journées avant l'avènement du septième art ? Tous ces futurs merveilleux Claude-Jean Philippe erraient-ils dans les salons comme autant de zombies schizophrènes, fixant les peintures des autres pendant des heures et les imaginant se mettre en mouvement ? Demeuraient-ils figés des jours entiers face à un paysage, dans l'attente que quelque chose surgisse bruyamment du ciel ? Ou bien restaient-ils assis sur leur lit des semaines durant, sans oser en sortir, désertés d'eux-mêmes et inconscients de tout ce qui les mettrait en joie quelques siècles plus tard ? Peut-être fermaient-ils les yeux en plein jour et laissaient-ils courir sous leurs paupières agitées les films préhistoriques, les premiers, les moyenâgeux, ceux des Lumières d'avant les frères. S'ils découvraient aujourd'hui la manne fantastique de nos cinémathèques, ils en perdraient à jamais le sommeil, c'est certain. Pauvres vies misérables, alors qu'il leur aurait suffi de changer d'époque.

Moi qui ai eu la chance de naître à la bonne époque, quelle place occupe donc le cinéma dans ma petite vie sans histoire ? Précisément tout l'espace laissé vacant par mon absence d'histoire. Tandis que mes parents, et leurs parents avant eux, ont pu invoquer un récit de vie puissant et singulier, ponctué d'exils et de ruptures, de nuits noires et de morts brutales, de langues qu'on ne comprend pas et de mondes à rebâtir, ma vie a longtemps souffert d'une sidérante vacance de trame narrative. Et alors que les lignes de temps familiales s'entremêlaient à la grande histoire avec courage et flamboyance, ma ligne de vie n'a connu, depuis ma naissance à Paris sous Giscard, aucun sursaut notable, évoluant dans un entre-deux morne et sans surprise. Certes je suis née, mais après, pas grand-chose. Étrange aveu que celui d'avoir souffert de ne pas avoir assez souffert. Ma vie fut marquée non par l'ennui mais par cette inquiétante sensation de vide déjà évoquée, couplée à l'impossibilité de ne jamais égaler un jour ceux qui, pour que je naisse, avaient structuré le temps au gré de leurs exploits. À côté du vide, l'illégitimité s'installa. Comment vivre après eux ? Comment exister quand ils avaient déployé mille intelligences à survivre et à espérer dans la nuit ? À défaut de vivre, j'ai bricolé en m'appropriant ce qui s'apparentait le plus au sentiment d'existence ; je me suis abreuvée de contes, de récits et de légendes ; et en toute logique, le cinéma m'est apparu ; dès lors la vie des autres a animé la mienne et leur imaginaire a nourri le mien ; sans eux, je ne sais de quelle étoffe seraient faits mes rêves, ou plutôt si, mes films intérieurs ne seraient que saccades et balbutiements, pantomimes lumineuses maladroites et ternies, diffusées au hasard de mon ennui par ma poussive lanterne magique interne. Si à la même époque, Jean-Jacques m'a fait souffrir, le cinéma m'a vertébrée, tant et si bien que je me permets d'émettre une hypothèse : je soutiens qu'avec la création du cinéma l'être humain a muté, ses sens se sont enrichis, sa mémoire s'est fécondée, les tribulations de son âme y ont trouvé un terrain de jeu favorable et inespéré, ses rêves se sont tissés dans un taffetas plus épais et abondant, et ses souvenirs ont puisé force et inspiration dans l'étrange matériau novateur couché sur pellicule. Le cinéma, en advenant, a ouvert des brèches d'infini, des failles spatio-mémorielles insoupçonnées et, trônant juste à côté de Jean-Jacques, il n'y a pour moi pas d'autre religion que celle-ci. Mon temple est une salle en sous-sol dont les murs sont pourpres et moquettés, éclairée par la lumière douce de quelques appliques en demi-lune et où ont été plantés, par rangées de douze, face à un vaste écran blanc cerné de rideaux écarlates, une centaine de fauteuils de velours rouge à abattant ; il y traîne cette odeur caractéristique des vieilles salles d'art et d'essai où poussière, sueur et chaleur se sont mêlées au fil des films en un cocktail âcre et douillet ; ce curieux agglomérat, poudre lumineuse et conique échappée de la fenêtre de projection, s'est déposé par poignées invisibles et indélébiles, des centaines de milliers d'heures durant, sur la moquette des murs, le velours des sièges et la rétine de milliers de spectateurs. Dans cette drôle d'église, j'ai ma place attitrée : je m'y installe seule, au cinquième rang, bien au milieu, de préférence sans qu'aucune tête de géant ne vienne perturber mon visionnage ; et dès lors je sais que je vais pouvoir passer mes heures à pleurer toutes mes peines sans être vue, à regarder dans le noir des ombres vivre intensément ce que je ne vivrai jamais, à oublier mon corps et ses blessures et à éprouver, le temps de quelques bobines, d'autres vies que la mienne. Le cinéma ne devrait avoir aucune vocation politique ou moralisatrice (autant de mauvaises lectures d'Aristote), mais pour seule fonction celle de saisir l'émotion et de l'offrir en retour, en toute gratuité et dans sa pleine poésie. Flambeau pulsatile qui redistribue les battements de cœur, capteur d'humanité qui nous extirpe, nous autres terriens cinéphiles et éternels exilés, du magma du réel, et nous invite à une joyeuse danse avec le cosmos.

Je me tourne et me retourne auprès de mon compagnon qui dort en toute impunité et, lorsque je m'assoupis enfin, je rêve que je me fais copieusement engueuler par Jean-Jacques : non seulement je n'ai pas casté de comédiens qui lui ressemblent, s'indigne-t-il, mais surtout j'ose parler de lui sans le lui avoir préalablement demandé.

Je me réveille en nage, à deux doigts de tout annuler. Je dois préciser que, en plus de tourner demain à la première heure, j'ai d'excellentes raisons de ne pas fermer l'œil : ce soir, un couple d'amis chez qui nous avons dîné nous a servi un vin rouge tannique qui rendrait insomniaque la plus narcoleptique des vieilles dames ; là-dessus ces amis m'ont nonchalamment révélé au moment du dessert que je risquais la prison.

— Tu n'as pas entendu parler de ce qu'a fait Scarlett Johansson ? Elle a attaqué en justice un romancier français pour atteinte à sa vie privée et utilisation de son nom en tant que marque. Elle n'a pas gagné sur ce dernier point mais sur le premier, oui : l'écrivain lui avait inventé deux histoires d'amour qu'elle a jugées dévalorisantes, et elle a gagné deux mille cinq cents euros de dommages et intérêts. Le type en avait fait des tartines sur sa bouche et sa poitrine et, franchement, elle a bien fait de se battre.

À ces mots, ma gorge se noue, mon cœur s'emballe et la tête me tourne. Il est indéniable que dans ce projet de documentaire, je parle de Jean-Jacques à tort et à travers et il pourrait légitimement m'attaquer en justice pour obsession. Pourtant je n'ai pas imaginé un seul instant qu'il puisse mal prendre mon cri d'amour cinématographique. Comment, et surtout pourquoi, me ferait-il ça à *moi* ? Moi qui, contrairement au petit malin de romancier qui a fait son beurre des époustouflants nichons de la star hollywoodienne, respecte la vie privée de Jean-Jacques et ne lui prête aucune histoire sentimentale saugrenue (par exemple, il ne me viendrait pas une seconde à l'idée de le décrire nu dans des ébats imaginaires – même si, à la réflexion, cela pourrait présenter un intérêt certain pour quelques-unes d'entre nous, mais passons). Tandis que la mine sinistre, je digère ces informations, mes amis poursuivent :

— C'est comme Jean Rolin, tu l'as lu, *Le Ravissement de Britney Spears* ?

Oui eh bien ça, c'est un bon contre-exemple ! Britney Spears n'a entamé aucune action en justice contre Rolin, qui l'évoque sans jamais l'écorner, respectueux mais jamais fayot, divertissant mais jamais démiurge, ne rapportant que des éléments disponibles sur le web avec attention et honnêteté. À travers la figure de la chanteuse, il évoque son rêve américain à lui, eh bien moi, je me targue de faire comme lui, d'autant que Jean-Jacques est mon rêve américain à lui tout seul, et d'autant encore que je n'évoque que rarement le vrai Jean-Jacques, mais mon jean-jacques à moi, le petit, le dodu, le secret. Et surtout, et ce point-là change tout, je fais du cinéma et pas de la littérature ! Mes amis acquiescent d'un sourire amusé. Le plus important dans ce genre d'entreprise, concluent-ils, c'est la volonté et le talent, et là-dessus, ils m'assurent de leur confiance et de leur amitié. Je respire un peu mieux, leur chaleur m'apaise.

Sauf que le ver est dans le fruit.

Et j'ai beau me répéter que je ne fais rien de mal, mes copains au vin rouge ont semé le doute dans mon esprit déjà inquiet et à présent je marche sur des braises : le talent étant une chose toute relative, dois-je tout abandonner ou bien au contraire poursuivre ? Abandonner est ontologiquement inenvisageable à moins de signer mon arrêt de mort psychique, alors continuer, oui, mais dans quelles conditions ? Une solution me vient à l'esprit : je montrerai mon film à Jean-Jacques en avant-première et en séance particulière afin qu'il mesure la sincérité de ma démarche. Ce qui signifie donc que je me dois de le rencontrer *quoi qu'il arrive*, c'est la loi de l'Univers. Tandis que mon cœur se serre à la pensée que mon film aura pour premier spectateur Jean-Jacques, je me souviens que je suis censée tourner dans moins de deux heures. Je relis fébrilement mes notes intégrées à mon story-board, envoie un dernier mail à Caroline où je reprécise quelques éléments, puis me recouche. Cependant, à l'idée qu'un certain nombre d'êtres humains véritables comptent sur moi tout à l'heure – et non pas des tasses, ventilateurs et autres fils électriques –, mes pensées s'entrechoquent, la fébrilité relaie la tension, et bientôt je m'embourbe dans les affres cruelles et familières de l'illégitimité et m'ébroue seule dans la nuit. Il me faut faire taire toutes ces voix qui m'inquiètent et m'empêchent et se dressent entre moi et le calme du monde. Toutes *ces choses au fond de moi qui me font veiller tard…*

Mercredi 8 juin, corniche Kennedy, huit heures du matin. L'œil vif malgré cinquante-huit minutes de sommeil profond, je vois arriver vers moi mes cinq jean-jacques plus fringants que jamais, marchant les uns à côté des autres comme dans *Reservoir Dogs*, sauf que les costards ont été remplacés par des jeans propres et d'élégants polos qui tombent parfaitement sur leur absence de poitrine – et je repense à cette délicieuse réplique de *Some Like It Hot* où Sugar-Marilyn Monroe complimente Jack Lemmon sur qui les robes tombent tellement mieux que sur elle. Je pense toujours d'une manière ou d'une autre à *Some Like It Hot* chaque premier matin de tournage, ce film représente mes Tables de la Loi, les paroles sacrées du prophète fondateur de mon monothéisme de technicolor. À les voir tous à l'aise à s'appeler par leur prénom, je comprends bientôt que les jean-jacques se sont donné rendez-vous un petit quart d'heure plus tôt pour faire connaissance autour d'un café matinal, et je trouve cette initiative aussi professionnelle que charmante. Tout le monde est là sauf Caroline, qui arrive d'un pas tranquille et irritant un quart d'heure plus tard – le fameux et insupportable quart d'heure marseillais. Elle porte par pure provocation un T-shirt des Clash et ce petit air insolent qui m'agace déjà.

— Tu voulais que je te fasse chier un maximum alors je commence tout de suite : j'ai pas eu une minute pour regarder ton story-board, en même temps tu m'as renvoyé des nouvelles notes à trois heures du mat, faut pas déconner.

Je dois faire une tête de seiche qui s'est aspergée par erreur de sa propre encre, alors elle se sent obligée de rajouter :

— C'est bon, je déconne, il est bien le story-board, mais j'ai d'autres trucs à te proposer.

Bien. Bien bien bien. Je respire un grand coup et me souviens que les chefs opérateurs, cadreurs et autres cameramen sont des ego sur pattes. Je lui rappelle ce que je lui ai précisé dans un mail qu'elle n'a visiblement pas lu, à savoir que je pense au premier court métrage d'Éric Rochant, *Comme les doigts de la main*. A-t-elle eu le temps de le voir ou ?… Non, bien entendu. En fait, à défaut de filmer ma rencontre avec les jean-jacques, je souhaite plutôt évoquer notre lien. L'idée est donc de me filmer avec cinq faux jean-jacques gravitant autour de moi, un peu comme dans ce formidable film court où une jeune femme est constamment suivie par cinq types du même âge qu'elle, habillés à l'identique, la mine absente, surprise ou hébétée, orbitant autour d'elle sans but ni raison définis, et cependant inséparables comme les doigts d'une même main. L'histoire est racontée du point de vue d'Hippolyte Girardot qui tombe amoureux de la jeune femme et se heurte à un amour impossible ; car les cinq types, il s'en rend bien vite compte, sont là tout le temps. Absurdes et drôles, inoffensifs et dégingandés, ils semblent avoir déserté leur personne, tout entiers disponibles pour une autre qu'eux et l'enveloppant d'une nébuleuse poético-mélancolique ; à la regarder entourée de ces cinq garçons-là, on croirait voir se dresser autour d'elle un prodigieux rempart à la solitude. Et pourtant, malgré leur étonnante compagnie, la jeune femme paraît étrangement seule, sans doute parce que, entre elle et ses énigmatiques compagnons, rien n'est jamais échangé, ni parole, ni regard, ni sourire, ni geste de tendresse, rien d'autre que cette silencieuse promiscuité où les inexplicables camarades mutent en un substitut insensé et cinq fois démultiplié de son ombre au masculin. Voilà l'idée de ces plans-là. Je souhaite que Caroline me filme flottant dans une nébuleuse de jean-jacques qui à la fois me protège et m'empêche de vivre normalement, une nébuleuse qui est mon bouclier et mon illusoire échappatoire à la solitude, ma meilleure défense et cependant mon plus grand frein au grand saut dans la vraie vie. Caroline fait « mmm », elle comprend, elle veut bien essayer, et je me pince. Et me voilà bientôt déambulant sur la corniche, mes cinq jean-jacques en papier virevoltant autour de moi, précédée par Caroline et son steadycam harnaché à la taille, qui marche à reculons et saisit notre curieuse composition. Étant une piètre comédienne, et espérant à chaque nouvelle tentative cinématographique capturer une matière filmique bien plus intense que ma petite personne, me filmer ne m'avait jusqu'ici jamais traversé l'esprit. Cependant l'économie du film et sa nature documentaire m'ont rapidement convaincue d'apparaître exceptionnellement devant la caméra.

Être à la fois sujet et objet m'est malgré tout très inhabituel, si bien qu'entre les prises je me précipite pour regarder les étranges images filmées par mon double ricanant. Et ce que je vois me laisse un peu perplexe. Les premières prises sont hésitantes, mes cinq jean-jacques marchotent sans conviction et paraissent vraiment s'interroger sur leur présence à mes côtés. Moi-même je ne suis pas vraiment sûre d'être là, sans surprise et sans doute à raison. Je leur demande donc d'y mettre du cœur et, lors des prises suivantes, je les vois s'épanouir au fil de notre promenade. Alors je m'amuse à les surprendre : si je ralentis, les jean-jacques ralentissent, si j'accélère, ils accélèrent, et si je m'arrête, ils s'arrêtent aussi, se cognant un peu les uns contre les autres, dominos grandeur nature.

Lors des dernières prises – est-ce la chaleur ? le soleil ? l'incompréhension ? –, je les sens de moins en moins légers et papillonnants, alourdis au contraire, lestés, accrochés à mes semelles, scratchés à mes omoplates comme autant d'anges pataudset maladroits ; et à les sentir si gauches et encombrés d'eux-mêmes, j'ai l'impression de les avoir contaminés de mon mal, de leur avoir transmis des morceaux pesants et illégitimes de ma personne, et je m'en veux de cette improbable alchimie. Je termine de regarder la dernière prise et en reste pantoise.

Soudain Caroline coupe la caméra et s'immobilise. Péremptoire.

— Bon, moi j'arrête, j'y comprends rien.

— Ah bon ?

— Non c'est pas ça. Je trouve ça nul en fait.

Elle a jeté un froid arctique.

— « Nul » ? C'est-à-dire ?

— Ça manque d'une histoire, d'une tension, de quelque chose qui accroche le regard. De suspense.

Je n'en reviens pas de son aplomb. Elle lance alors, définitive :

— Si c'était mon film, je vous dirais tous de sauter.

Elle veut dire, sauter par-dessus la rambarde comme dans le roman de Kerangal. Pour tenter le sort, flirter avec l'infini, goûter la possibilité du tragique. Sauf qu'à cette perspective mes jean-jacques sont aussi peureux que moi et, invoquant soudain ce qu'ils m'avaient jusqu'ici caché, à savoir femme et enfants qui comptent sur eux pour faire bouillir la marmite (certainement pas grâce à moi, soit), ils commencent à protester. Mais Caroline argumente encore : c'est une histoire de corps, dit-elle, une question de rythme et de chemin, de musique en somme, c'est très goldmanien croit-elle bon d'ajouter, n'en revenant pas d'avoir usé de ce néologisme épouvantable à ses yeux. Je suis ébranlée. Et si elle avait raison ? Je regarde mes jean-jacques, vois qu'ils s'agitent : ceux qui parlent français trouvent cette requête très limite – d'autant qu'il n'y a à la clé ni salaire ni assurance –, et les autres marmonnent dans leur langue maternelle des insultes à mon encontre, bref, ça sent la mutinerie à plein nez, mon projet est à deux doigts de m'échapper et je n'ai que quelques secondes pour prendre une décision et nous tirer de là, mon film, mes jean-jacques et moi. Alors, à ma manière, je saute.

— C'est bon, Caroline, je prends le relais.

— Hein ?

— Si tu es d'accord, tu me rends la caméra et on se quitte ici, OK ?

Les cinq jean-jacques se sont tus tandis que Caroline me regarde, scandalisée par mon ingratitude. Elle ne sait pas que je viens de prendre un risque considérable, moi qui, sur un plateau, n'ai jamais encore tenu de caméra, jusqu'ici paisiblement installée derrière un combo, à l'abri d'une tente plantée tout spécialement pour moi.

— OK !!

Blême, elle défait son harnais, gestes vifs, remontée comme une pile, et me tend la caméra.

— C'est ça le problème avec la variété française, peste-t-elle tout en s'emberlificotant dans les bretelles du steadycam, ça fabrique des mauviettes, alors que le bon rock, ça fait des mercenaires, des gens sans foi ni loi prêts à tout pour cinq secondes de jouissance et de guitare électrique ! Sex, drugs and rock'n'roll !

Et sans prévenir, bretelles ballantes, Caroline enjambe la rambarde et saute dans l'eau tout habillée. Tétanisés, mes jean-jacques et moi nous collons au garde-corps et attendons fébrilement de la voir réapparaître à la surface. Quelques longues secondes encore et la voici qui resurgit, petite tête d'épingle mouillée. En nous voyant penchés tous les six, elle se marre et nous fait deux doigts d'honneur en tirant la langue.

— Aaaaaaah !!! hurle-t-elle, puis elle nous tourne le dos et commence à nager vers le large dans un crawl rageur.

Nous la regardons s'éloigner. À la voir ainsi s'agiter et mouliner des bras, hargneuse et maladroite, un immense soulagement m'envahit : je ne suis pas celle-là, ricanante et définitive, rock'n'roll et colérique, qui méprise la douceur. Je suis une fan de chanteur à minettes, fan d'un chanteur de variété, d'un poète des plateaux télé des années 1980, d'un gentil musicien. Je ne suis qu'une fan de Jean-Jacques Goldman. C'est ainsi.

Nous terminons de déjeuner au Théâtre Silvain au beau milieu des gradins déserts lorsque Fedor me demande si j'ai une idée de la suite de la journée. Je me souviens que je suis la réalisatrice et que je lui dois une réponse.

— Caroline se trompe, lui dis-je d'un ton faussement assuré, ce qu'on a fait jusqu'ici ne manque pas de suspense mais d'engagement, de *commitment* comme disent les Anglo-Saxons. Il nous faut mouiller la chemise.

J'ai parlé sans réfléchir et voilà qu'un premier jean-jacques me prend au mot et rejoint la mer en courant sous la passerelle, avant de se jeter à l'eau tout habillé depuis un rocher bas. Il est aussitôt suivi par un deuxième puis un troisième jean-jacques, et les deux derniers les rejoignent. Cinq drôles de types barbotent dans l'eau de mer, T-shirts gonflés autour d'eux comme autant de méduses géantes, et tout cela est entièrement ma faute. Je prends ma caméra et filme mes jean-jacques médusés, qui me surprennent et m'émeuvent. Ils ont mouillé le maillot pour moi et je leur en suis profondément reconnaissante.

Quelques minutes plus tard, ils rejoignent, corps et vêtements ruisselant d'eau de mer, les gradins brûlants et l'arène. J'ai pris soin de placer ma caméra sur pied sur le plus haut gradin, j'ai une demi-heure d'autonomie de batterie, je lance aussitôt l'enregistrement et descends les retrouver au cœur de l'arène. En cercle autour de moi, revigorés par leur bain de mer, je les préviens que ce que je vais leur demander risque de leur paraître absurde voire stupide, en tout cas incongru et follement terrestre. Cependant j'assume. Et les invite en substance à une danse avec le cosmos. La musique sera intérieure, la flamme et la divinité aussi. Regards interloqués, bras et jambes poisseux, mes cinq jean-jacques mouillés se font étonnamment dociles et commencent à se trémousser de façon désordonnée, sans conviction ni musique ni grâce. Et je les accompagne. Mais peu à peu, à la façon de l'eau qui s'écoule par la bonde de l'évier dans une certaine direction selon l'hémisphère, nos pas hésitants forment bientôt une ronde dont je deviens le centre et témoin privilégié. Et soudain, d'un balcon donnant sur le théâtre surgit une musique mélancolique et rythmée qui inonde l'arène et nos corps de sa chaleur battante, alors nos danses malhabiles s'en trouvent aussitôt embellies, magnifiées par les cadences lentes et souples, et voilà que le temps dilate nos mouvements que rien désormais ne semble plus pouvoir interrompre ; nos gestes se lient, de plus en plus fluides, et nous tournons et tournons de plus belle, invoquant dans une improbable transe quelque chose de plus puissant que nous. Ce quelque chose-là de plus puissant, je l'ai souvent convoqué, même s'il s'est fait plutôt discret jusqu'ici. Je me souviens, il y a des années, à l'occasion d'un grand raout de yoga, et alors que nous étions plus de cent élèves à entonner ensemble le *om* inaugural sans aucun instrument pour nous accompagner, j'entendis tinter des clochettes. Je me racontai une histoire d'ondes sonores démultipliées qui entraient en résonance les unes avec les autres et produisaient ensemble, dans un élan de grâce commune, une fréquence supplémentaire. Ces quelques notes claires et sautillantes étaient pour moi la preuve, s'il m'en fallait une, de l'existence de l'invisible et de sa délicate manifestation surgie de notre chœur improvisé. J'appris des années plus tard que je m'étais trompée : en guise d'épiphanie collective, ce que j'avais entendu était l'effet d'un chant diaphonique qu'une seule personne parmi la foule avait suffi à produire ; sa voix en chantant avait émis deux notes de musique simultanées cependant distinctes, audibles par l'oreille humaine sous la forme toute surnaturelle d'un tintement de clochettes. Ainsi il ne s'agissait pas d'une manifestation de l'invisible sous l'effet d'un puissant mouvement de grâce collective, non, et cette vérité-là, je le reconnais, me déçut, ma miraculeuse hypothèse si délicieusement communiste se voyait renvoyée dans la grande poubelle des théories saugrenues.

Sur les gradins où nous tournons, derviches d'une mystérieuse puissance, le soleil tape fort. Autour de moi, mes cinq compagnons forment une main large et solide et je suis à cet instant au creux de la paume d'une improbable et inattendue King Kong poétesse qu'ils ont fabriquée ensemble. La musique est de plus en plus forte, la transe nous entraîne encore et, là, comme les clochettes rêvées émergeant de mille *om* communiant en chœur, le Jean-Jacques original apparaît juste à côté de moi, hologramme agile et gracieux dans le creux de la vaste main, faisant face à ses sosies médiocres mais inspirés, fréquence Jean-Jacques, il s'immisce avec souplesse dans notre danse, se glisse entre nos rythmes et nos pas ondulants et synchronise avec les nôtres ses battements de cœur. À cet instant précis, je veux croire à la manifestation de l'invisible que nous avons invoqué ensemble au gré de nos déhanchements et de nos croyances communes. À moins que tout cela ne soit qu'une forme manifestée de ma capacité à voir la réalité et la fiction en même temps, réalisatrice diavisuelle qui, tel le chanteur diaphonique aux clochettes, voit et filme deux images différentes simultanément. À moins enfin que Jean-Jacques n'ait inopinément entendu parler de notre intrépide journée de tournage et n'ait souhaité nous rendre une petite visite pour, telle une mascotte cinq étoiles, nous soutenir dans l'effort.

Mon front brûle de soleil et de musique et je ne suis pas sûre de ce que j'ai vu. Mais les rushes, eux, ne sauraient mentir.

En découvrant les rushes, je suis perplexe. Entre mes cinq jean-jacques et moi qui dansons, aussi inspirés et pataudss que les Hare Krishna du boulevard Saint-Michel de mon enfance, rien n'est visible, rien de rien, ni hologramme ni le moindre pet lumineux, et je dois me rendre à l'évidence : j'ai tout, absolument tout rêvé de l'apparition de Jean-Jacques. Seule notre transe était bien réelle, qui se lit sur nos visages parfaitement détendus. Mais comment est-ce possible ? Était-ce une fièvre, une hallucination, un mirage produit par la chaleur de l'été marseillais ? J'ai du mal à y croire. Et soudain me reviennent les mots de José. Et si Jean-Jacques n'était plus filmo-persistant ? Et s'il ne se fixait plus sur aucune forme de pellicule, qu'elle soit numérique ou argentique ? Alors je n'aurais pas rêvé mais au contraire perçu la réalité telle qu'elle est, plus vraie et véritable que sur n'importe quel rush. Les rushes peuvent se tromper, mais la littérature, elle, voit tout.

10

Gainsbourg, Staline et moi

Sur mon banc de montage, je déroule les plans de ce film que je ne comprends pas, je les pose, les dépose, les monte et les démonte, les ouvre, les dissèque, les mélange, les secoue, et cette naissance de film forme un patchwork étrange, burlesque par endroits, tendre aussi parfois, et même un peu fantastique.

J'ai choisi de ne pas monter le passage de la transe de peur d'être accusée de faire l'apologie d'une obscure secte (les jijigés), si bien que je m'en tiens aux promenades avec mes cinq jean-jacques et c'est suffisamment déroutant comme ça. Je suis là et je marche sur la corniche dans un halo de lumière totalement surexposé (hasard paresseux ou bien effet recherché de Caroline ?), traînant derrière moi cinq types collants et ça ne veut rien dire. Je tente d'y insérer des photos de Jean-Jacques et là, ça devient encore plus bizarre et pas du tout rock'n'roll. Ce film, et sur ce point Caroline m'aura suffisamment avertie, n'est pas du tout rock'n'roll. Cependant, c'est un fait avéré, Jean-Jacques ne l'est pas non plus. Si j'étais de mauvaise foi, à justifier a posteriori mes errances au nom d'une cohérence artistique mûrement réfléchie, je pourrais dire que ce geste cinématographique tout à fait raté a ceci de réussi qu'il est aussi peu rock'n'roll que son sujet. Jean-Jacques Goldman n'est pas rock'n'roll, mon film ne l'est pas non plus, CQFD, et je me sens aussitôt rejoindre le sérail des bienheureux réalisateurs qui, malgré leurs trois spectateurs et demi, se trouvent mille excuses fallacieuses afin d'expliquer l'échec cuisant de leur navet évidemment incompris de tous. Mais je ne saurais être à ce point malhonnête. D'autant que je dois bien l'avouer : je n'ai pas la moindre idée du film que j'ai commis, pire encore, j'en suis gênée. Cela étant posé, je souhaite revenir sur ce point éminemment passionnant du caractère peu rock'n'roll de Jean-Jacques. Car, oui, Jean-Jacques n'est pas rock'n'roll, ça n'a rien d'un scoop, il l'a d'ailleurs suffisamment chanté, et celui ou celle qui verrait en lui le plus fugace charme destroy a un discernement navrant, et je suis polie. Oui, Jean-Jacques est à mille lieues du dandy blasé et cocaïné, du suicidaire alcoolique amateur de sensations fortes ou du casse-cou sarcastico-anarco-nihiliste. Malgré tout, il sait être sensuel et, dans ces moments-là, il est irrésistible. Comme, par exemple, lorsqu'une voix toute nue vient lui lancer depuis la fosse un fébrile « Jean-Jacques, je t'aime ! » et qu'il s'interrompt, surpris, flatté, touché au cœur, geste maladroit et sincèrement désolé de cette invitation impossible à honorer. Mais ne lui en déplaise, et ce malgré sa guitare électrique, il demeure un garçon sérieux, un type bien à qui des parents regardants pourront confier leur fille les yeux fermés, un Dr Jekyll dont le Hyde aurait fui, découragé de ne pouvoir tranquillement sévir sans se faire constamment mettre au piquet. Jean-Jacques n'est pas rock'n'roll et ça n'est pas bien grave, n'en faisons pas tout un plat.

Ça tient à si peu de chose d'être rock'n'roll après tout, un petit swing, un chic diffus, un impalpable qui émane de soi malgré soi, une façon de tourner la tête, de lever le menton, de poser le regard sur son voisin, de parler avec une nonchalance pleine de sous-entendus, c'est dangereux, sulfureux, déglingué et classe à la fois, c'est trois fois rien et pourtant ça ne s'apprend pas, c'est une condition d'existence qui signe les grands blessés, les magnifiques, les morts trop jeunes, c'est du Gainsbourg à l'état brut, qui s'éprouve en pleine inconscience et qui ne ressemble pas, mais pas du tout à Jean-Jacques. Et c'est aussi pour ça que je l'aime :

Jean-Jacques ne m'a pas fait souffrir atrocement de sa mort précoce, il ne m'a pas rabaissée au rang de la masse médiocre, étant en comparaison propulsé trop tôt sur le socle de légende éternelle, il m'a réconciliée avec l'humanité et son talent édifiant, et non pas son génie destructeur.

J'entends d'ici les mauvaises langues me traiter de tiède, mais ce n'est pas être tiède que préférer l'effort consciencieux à l'adrénaline dévastatrice. Et si certains me préparent déjà une tisane, j'assume, un sucre s'il vous plaît, et précise : j'ai aimé un déglingué classe à la folie. Moi, l'adolescente trop sage, j'ai adulé Gainsbourg presque autant que j'ai chéri Goldman, mais ces deux amours-là sont de nature profondément distincte, elles ne touchent pas au même endroit de mon âme, ne l'éclairent pas d'une semblable lumière. Quand Goldman projetait la petite brune boulotte que j'étais dans un monde de sentiments compliqués, d'effleurements chuchotés et de confidences blessées (et qui, de par leur nature même, étaient malgré tout de l'ordre du possible), Gainsbourg, lui, m'étourdissait de peps, de glamour et de charme et me faisait rougir jusqu'aux oreilles sous mes couettes trop sages. Et alors que Goldman parlait avec une tendresse et un respect infinis des filles que d'autres hommes appelaient « faciles », en prenant soin de ne jamais les décrire physiquement – élégante émanation de son âme ou volonté délibérément consensuelle ? –, Gainsbourg mettait entre moi et la possibilité d'une sexualité des images iconiques impossibles à concurrencer, m'évoquant aussitôt seins de nymphettes et jambes interminables, visages de poupée et voix canailles, paillettes, accent anglo-saxon et ahanements orgasmiques. De Birkin à Bardot, de Deneuve à Petula Clark, et jusqu'à la naïveté presque incommodante de France Gall, il m'était impossible de m'imaginer une seule seconde dans les bras de ce génial dandy, je n'étais ni assez belle ni suffisamment audacieuse, et n'avais rien d'une muse, trop pétrie au contraire de tabous et de peurs pour oser explorer quoi que ce soit.

Mais il y a encore autre chose. Comme tout génie, Gainsbourg appartenait à tout le monde ; chez moi, à ma mère, à mon père, à mon frère, et jusqu'à mes copines les plus spirituelles qui, avec leurs longues jambes et leurs petits culs taille 36, avaient beaucoup plus de chances que moi de pouvoir juste le rêver. Jean-Jacques, lui, n'a toujours été qu'à moi. J'ai pu tranquillement, et en toute fébrilité, m'imaginer lui plaire juste un petit peu.

Oui, pendant des années, et jusqu'à aujourd'hui, sans doute modelée dans la solitude de ma fan attitude, j'ai nourri la certitude absolument sincère que Jean-Jacques n'appartenait qu'à moi. Si bien qu'en découvrant récemment qu'il était la personnalité préférée des Français, j'en suis tombée de ma chaise. Ainsi donc je me devais de le partager avec une foule d'anonymes qui dépassait largement la fosse mouvante du Zénith et atteignait les millions de visages jusqu'ici associés aux fans de Yannick Noah ou d'Omar Sy ? Je ne suis pas partageuse. L'unique fois où j'ai partagé avec une autre mon amour pour Jean-Jacques, je veux parler ici de Claudine, nous nous étions défini un cadre strictement épistolaire que j'ai déjà évoqué et qui, avec le recul, était la bonne distance, car ma correspondante, tout comme moi, n'en désirait pas d'autre. Comme si elle et moi avions pressenti sans nous le dire le possible dévoiement, pour ne pas dire la trahison, qu'un rapprochement aurait provoqué ; car, bien malgré lui, Jean-Jacques eût tôt ou tard joué les ciments d'une amitié qui aurait pris le dessus sur l'Amour que nous étions censées lui porter de façon exclusive et sans faille.

Mais il n'y avait pas que cela. Tandis que mes mots d'amour pour lui, couchés sur le papier et discrètement surgis d'une enveloppe, assuraient à mes sentiments une certaine protection, j'eusse craint au contraire, à trop les partager à voix haute, qu'ils n'en fussent amoindris, flétris, allégés, qu'ils ne perdissent de leur voile tragique et lourd et ne fondissent dans une masse d'émotions communes et galvaudées ; alors cet amour-là qui était le mien, que je pensais indétrônable, se serait peu à peu affadi sous les souffles de celles et ceux qui entonnaient en chœur et par cœur – et, ne m'en déplaise, tout aussi fidèlement que moi – ses vibrantes chansons. Goldman, personnalité préférée des Français ? Certes, sauf que moi, je ne partage pas. Et, reniant sans scrupule mon errance de quelques instants sur le forum de son fan-club, j'affirme le droit de ne souhaiter aucune communion autour de Goldman avec tant d'autres, *je ne suis pas les autres, non, non, non*, lui et moi, c'est en tête à tête, les yeux dans les yeux et pour l'éternité.

Face à ce curieux morceau de cinéma que je termine de fabriquer et qui s'avère aussi insolite que digressif, je pense que, malgré tout, et parce que rien ne se perd, tout se transforme, je pourrai l'utiliser comme ponctuation fictionnelle du montage final de mon documentaire. Affres de la création cinématographique, surprise, angoisse et terreur de la découverte des images tournées, chaque fois si différentes de ce qu'on avait rêvé d'elles, qu'il nous faut apprivoiser et pour lesquelles il nous faut remodeler nos cerveaux et nos yeux. Par-delà ma quête absurde et désespérée, ce documentaire n'aurait-il pas au fond pour unique et simple raison de rendre compte de mes errances cinématographiques ?

Une idée me vient soudain à l'esprit : pourquoi ne pas filmer en plan fixe une photo de Jean-Jacques accrochée au mur au-dessus d'un lit, en lieu et place d'une croix de chambre d'ascète, ou bien encore posée sur une cheminée telle une icône, avec pour toute bande-son une de ses chansons murmurée comme une prière ? Cette option aurait le mérite de la clarté et de la concision, en plus de présenter l'avantage d'un tournage particulièrement léger – ventilateurs, fils électriques, cheminée, photos. Et son style liturgique pleinement assumé porterait mon propos sans détour. Alors je tente et pars faire encadrer une magnifique photo noir et blanc de Jean-Jacques en format soixante par quatre-vingts. Ma caméra sur pied, dos à la lumière du jour qui inonde la pièce depuis une haute fenêtre, j'opère les ultimes ajustements de ce drôle d'autel que je compose à la gloire de l'homme en or. Sur le rebord de la cheminée de marbre rose, la photo est posée, ainsi que quelques fleurs séchées, un collier de perles colorées et une bougie que j'allume en m'interrogeant : l'aurais-je autant aimé si on me l'avait imposé ? S'il avait été le Jésus de mon couvent, le Moïse de mon peuple, le Guide de ma nation ? Je l'avoue, je n'en sais rien, ressentant alternativement palpiter en moi une petite soldate heureuse de vénérer un élu tout désigné et une fillette fière et jalouse, qui n'estime que l'inexploré et n'exige rien de moins que l'exclusivité. Peut-être l'en aurais-je d'autant plus révéré, peut-être au contraire aurais-je choisi quelqu'un d'autre à chérir, de plus confidentiel et de plus discret, je ne le saurai jamais car, contrairement à ma mère, personne ne m'a obligée à saluer la photo de quiconque à un âge précoce où l'idéologie pénètre chaque cellule du corps et absorbe toute velléité de liberté.

À chacun son histoire, à chacun ses icônes. Si j'ai eu la chance de vivre en démocratie et de choisir librement de m'enticher d'un chanteur de variété française prénommé Jean-Jacques, ma mère, elle, ne l'a pas eue. Elle me confiait l'autre soir que tout au fond d'elle, malgré sa soixantaine d'années passées en France et malgré tous ses livres, elle nourrit encore dans le plus grand secret une affection bien plus honteuse et interdite. Un amour caché et indéfectible qu'elle développa durant l'enfance pour l'un des dictateurs les plus sanguinaires du XXe siècle, j'ai nommé Joseph Staline. Ce penchant particulièrement incorrect lui avait été sournoisement distillé dès son plus jeune âge lorsque, fillette juive polonaise née à Varsovie après la guerre, et délibérément éduquée dans l'ignorance de ses racines par peur d'un ressac de l'Histoire, elle saluait tous les matins en chantant, sur les bancs de l'école de la république populaire de Pologne, la figure du « petit père des peuples » accrochée au mur de sa classe. Il se tenait là, joufflu et moustachu, et veillait au grain, ce pépère tranquille dont il était alors impossible à ma petite maman d'imaginer qu'il fût un tant soit peu mauvais. Jusqu'à aujourd'hui, elle a du mal à y croire vraiment et continue, par bribes nostalgiques et diffuses, de l'aimer en secret. Elle a eu beau lire et relire l'Histoire, aucun crime, aucune macabre énumération, aucun témoignage poignant, aucun historien éclairé ne parvient à déraciner de façon définitive cette petite fleur d'amour glacée qui a poussé dans sa poitrine, à cet âge immaculé où toute chose enseignée est marquée à vie du sceau indélébile de la Vérité. Son jean-jacques à elle s'épelle donc staline en lettres minuscules, rondes et dodues. Quant à moi, si j'avais dû saluer tous les matins, et depuis l'âge de sept ans, la photo de Jean-Jacques en chantant, l'inquiétante adulte que je serais devenue aurait déployé un zèle inégalé pour son chef, inventant assidûment de nouveaux langages et autres formules magiques pour chanter ses louanges et pour qu'on l'aime encore plus, par-delà les cieux et jusque dans les plus lointaines galaxies. Je ne doute pas que se serait alors ouverte à moi une fulgurante carrière dans le grand organe du Parti Jean-Jacques Goldmanien. Mais à défaut d'une existence assise, grasse et corrompue, j'en suis aujourd'hui à errer obstinément sur la corniche, à l'aube de mes quarante-quatre ans, étrangement affublée de cinq larrons en foire, et en quête d'un pathétique et fuyant amour de jeunesse.

11

Zones de conflits

— Alors tu avances bien ? Tu es contente ?

— Bof.

Rien n'est plus antipathique que les doutes d'un artiste illégitime, alors j'essaie de sourire, histoire d'attendrir mon compagnon si patient.

— Quand est-ce qu'on pourra voir des images ?

— Je ne sais pas.

— Mais tu es sur une nouvelle piste ou… ?

Hésitation. Mensonge.

— Oui, bien sûr.

— Tu es sûre que ça va ? Tu as l'air déprimée.

— Pas plus que d'habitude.

O. sourit.

— Ne traîne pas trop quand même. Imagine, si Goldman mourait demain, il deviendrait quoi, ton film ?

À ces mots, je vire instantanément livide, voix et jambes coupées. Silence.

— Je suis désolé, ce n'est pas du tout ce que je voulais dire.

C'est au contraire exactement ce que O. a voulu dire et je ne peux pas le lui reprocher parce qu'il a raison : c'est un risque à considérer. Je réalise alors qu'il me faut être à la hauteur de cette possible urgence-là et que je me dois de trouver toutes affaires cessantes une nouvelle piste solide. Je pense alors à Claudine. Sa seule compagnie créerait, je le sais, un climat propice à l'invocation de notre jean-jacques. Ce soir-là, je m'en vais flâner sur son mur Facebook. En quelques minutes, je like tous ses posts, déchiffre tous ses commentaires, visionne toutes ses vidéos. Claudine s'est-elle rendu compte que je la pistais ? Sans doute, car bientôt elle m'envoie un message instantané :

Tu ne dors pas ?
Non.
Je peux t'appeler ?
Oui.

Je décroche aussitôt. Sa voix est calme.

— Qu'est-ce qui se passe ?

Alors je craque et déballe tout, le sujet de mon film, mes errances et mes doutes, mon mensonge à son égard, les craintes qu'elle m'inspire, mes souvenirs d'elle, inébranlable, et de sa condition de fan, son exigence et son sens du sacré à l'époque ; mon impasse à présent. Claudine m'a laissée parler et, à la qualité de son silence, je veux croire qu'elle m'a entendue. Une respiration, puis :

— Tu es bloquée ? Tu as besoin d'aide ? Une ex-fan de Jean-Jacques qui a fait de l'HP, ça pourrait être payant pour ton film, non ?

… Ah, parce qu'elle a fait un séjour en hôpital psychiatrique ?

— Plusieurs. J'arrive dans trois heures, ça te va ?

Il est cinq heures du matin. Dans trois heures, Claudine et moi allons manger des tartines et elle me racontera *son autre chemin.*

On sonne à la porte. J'ouvre et fais entrer Claudine, hirsute, sourire doux et yeux hagards.

— Je réveille personne ?

Elle n'a pas dormi de la nuit, insomniaque depuis l'adolescence et ça n'a pas changé. Non, elle ne réveille personne, au contraire, tout le monde est déjà sur le pied de guerre, en avance pour une fois. Elle croise

O. et ma fille qui la saluent joyeusement et s'éclipsent dans un coup de vent, en route vers l'école.

Claudine entre et découvre le bordel ambiant, les jouets qui débordent d'un gros coffre abîmé, les bols de petit déjeuner à moitié pleins, le beurre mou et les miettes, les petites cuillères plantées dans les pots de confiture, ma caméra et tous mes papiers en pagaille près de mon ordinateur. Comme si elle réalisait l'incongruité de notre entrevue précipitée, elle cache son malaise derrière un sourire furtif. À la sentir un peu agitée, mais c'est imperceptible, je repense à son calme et à son sérieux de cathédrale à l'époque de nos lettres. Je l'admirais, elle et ses assertions musicales définitives qui n'appelaient rien d'autre qu'un acquiescement docile, et ça tombait bien, j'acquiesçais, toujours, son évangile me plaisait, je servais le même dieu qu'elle et partageais la même peur du vide ; mon rituel était cependant plus expansif que le sien, moi qui lançais sans honte et sans peur du ridicule mon cri d'amour vers la scène ; Claudine, elle, ne criait pas, jamais, mais elle observait, saisissait, consignait tout avec un sang-froid d'agent du KGB, émotions, cris, joies, désespoirs, chansons, mélodies, scène, instruments, applaudissements, rappels, sauts, battements de pied ; parfois bien sûr elle dansait, souriait aussi, mais elle ne se départait jamais de son attention bionique, vestale grave et consciencieuse, prête à percer sa capsule de cyanure entre deux molaires plutôt que de révéler à d'autres l'absolue mystique de ses moments d'intense dévotion.

J'attrape ma caméra.

— Claudine, tu es prête ?

— Je préfère que tu m'appelles Cachemire.

— Cachemire ?

— La province du Cachemire est une zone de conflits. Comme moi.

Ah.

— Je regarde où ?

— Vers moi ? dis-je, bien planquée derrière l'œilleton de ma caméra.

Claudine fixe mon objectif de son même regard persistant et vertigineux mais, aujourd'hui, j'y soupçonne une douleur vive, une inquiétude enfouie que je n'avais pas devinées alors, trop impressionnée par son apparente maîtrise d'elle-même et son austère dignité. Un temps. Une inspiration. Je lui dis « Quand tu veux » et la cadre serré. Parée de son sourire énigmatique, elle me dit avec une bienveillante mélancolie :

— Tu vas le rencontrer, Carine, et ça va être beau, fortuit et improvisé comme la forme des nuages, le maillage hasardeux des gouttes de pluie séchées sur les fenêtres après l'orage, les caprices sinueux de la cire fondue d'une bougie. Parce que l'amour peut tout. C'est pour ça que tu ne souffriras pas comme j'ai souffert. Avec Jean-Jacques, et avec tous les autres.

En un instant, dans la bouche de Claudine, Jean-Jacques a retrouvé ses majuscules. Et elle me raconte : elle a perdu pied il y a plus de vingt ans, Jean-Jacques fut son premier petit vélo dans la tête, d'autres après ont achevé d'enrayer les rouages de son âme.

Quelques heures avant son premier internement, elle avait été retrouvée immobile, étendue de tout son long sur le palier d'un écrivain à succès, dont le visage poupin et la plume légère avaient succédé, au panthéon de ses flamboyantes amours impossibles, à la raideur touchante de Jean-Jacques. L'écrivain avait appelé la police, la police avait conseillé d'appeler les pompiers, l'écrivain avait appelé les pompiers et Claudine avait été embarquée. Mademoiselle, quel jour sommes-nous ? Comment vous appelez-vous ? Comment vous sentez-vous ? Combien j'ai de doigts ? Vous avez mangé aujourd'hui ? Vous avez bu ? Pris des psychotropes ? Tenez, prenez un Kleenex, mais non ne vous excusez pas, ça fait du bien de pleurer, je ne sais pas si ce monsieur va porter plainte, mais c'est quand même la cinquième fois qu'il vous trouve sur son palier, vous imaginez un inconnu qui vous attendrait sur votre paillasson chaque fois que vous rentrez de voyage ? C'est angoissant, non ?

Orteils au bord du vide. Claudine avait sauté. Mais son filet avait craqué. Quelques jours d'internement, larmes et noirceur, *en vacance de vie, en vacance d'envie*, puis elle était rentrée chez elle. Et la vie avait repris son cours. Elle se promit de ne plus lire cet écrivain de malheur, alors elle ne lut plus rien, plus une ligne, et passa ses jours à écouter de la variété française, Jean-Jacques excepté.

— Tu as remarqué, Carine, qu'il n'y a pas d'équivalent au terme « variété française » ? Les Anglo-Saxons disent « pop music » et c'est tellement plus sexy. Moins condescendant aussi. Alors que la variété, ça dit l'éphémère, l'inconstant, le divertissement, tout le contraire de l'éternité du chef-d'œuvre. C'est pour ça que j'ai sombré. J'ai essayé de saisir l'immuable dans le changeant.

Claudine s'enticha au début d'Étienne Daho, et puis de Vanessa Paradis, de Benjamin Biolay aussi, et de Julien Doré. Elle plongea dans Souchon, Voulzy, Bénabar, Birkin, et puis Higelin, Camille, Christophe, Arthur H, et aussi Bashung, Berger, Cabrel, Hallyday, et jusqu'à Sardou. Comme elle ne voulait plus écouter Goldman, elle écouta les Enfoirés, tous les « enfoirés », les jeunes, les moins jeunes, les inspirés, les orgueilleux, les retenus, les sincères, les froids, les blessés, les fabriqués, les opportunistes, elle les écouta tous, elle les aima tous, sans exception.

Et elle se consuma. Devenue au fil des jours, et de toute son âme, loyale au show-business et à chacun de ses membres, elle fut tout entière aspirée de l'intérieur, coquille vidée d'elle-même, ses fonctions vitales s'altérèrent, son ombre même s'effaça, jusqu'au soir où ses suffocations répétées alertèrent ses voisins. Elle fut embarquée d'urgence par le Samu. Diagnostic : overdose. Un comble pour elle qui n'avait jamais touché à une seule drogue dure.

— J'aurais peut-être dû.

— C'était en quelle année ?

— À cheval sur 2011 et 2012, les deux meilleures années d'audience pour Chante France. C'est grâce à moi, c'est sûr.

Claudine regarde la caméra, sourire triste, et laisse flotter un temps court. Alors je coupe. Bousculée par ses confidences et tous ces fantômes, sincèrement peinée pour cette vieille camarade de chansons. Elle a des circonstances atténuantes. En 2011, Bénabar, Souchon, Mylène Farmer, Orelsan, Julien Clerc et d'autres encore sortaient un nouvel album. Quant à 2012, la raison saute aux yeux, immédiate et évidente : c'est l'année de sortie de l'album *Génération Goldman*.

— Et maintenant, comment tu vas ?

— Mieux. Je ne cite plus Jean-Jacques que lorsque je suis en crise.

Silence. Elle me regarde avec tendresse. Et là, comme obéissant à une logique parfaite, elle conclut d'un ton sans appel :

— Tu n'as plus le choix, Carine. Tu vas devoir planquer. Comme dans les polars.

12

Un scénariste, des scénarios

Claudine a raison. Si je souhaite, pionnière, semer avant les autres la lumière dorée des chansons de Jean-Jacques sur le petit monde barbu des amateurs de bon son, je suis contrainte d'accélérer la cadence. Car, ce matin, je découvre, ébahie, que l'impossible est en train de se produire : Goldman est sur le point de se branchiser à vitesse grand V. Je viens de surprendre, sur le fil Facebook d'une vague connaissance, une vidéo de Jeanne Cherhal, égérie rock furieusement bobo et tout aussi furieusement talentueuse, interprétant sur l'antenne de France Inter *Pour que tu m'aimes encore* en s'accompagnant d'un petit clavier aux délicates sonorités de boîte à musique. Alors il est temps, oui, il est temps pour moi d'employer les grands moyens, des méthodes de flics n'ayons pas peur des mots, la planque, comme dit Claudine, et pourquoi pas les écoutes. Même si je n'ai pas le moindre début d'idée de la façon de m'y prendre.

Claudine a épluché les journaux people et m'a parlé d'une grande maison au Roucas-Blanc avec muret, triple interphone et vue sur la baie. Elle n'a pas trouvé l'adresse exacte mais m'a assuré qu'il habitait une impasse. Et elle a fièrement désigné une obscure photo de paparazzo sur laquelle Jean-Jacques erre incognito dans une ruelle déserte.

— Maintenant à toi de jouer, m'a-t-elle lancé, lunettes noires d'agent new-yorkaise en phase maniaque au bout du nez.

Son enthousiasme fébrile est contagieux.

Le Roucas-Blanc, chic quartier sud de Marseille, regorge de dizaines d'impasses pentues, difficiles d'accès et d'une beauté à couper le souffle. Sans compter les impasses qui débouchent sur d'autres impasses, le Roucas en compte plus d'une vingtaine alors je m'y colle sans attendre et commence par celle des Colonies. Ça n'est pas très heureux, certes, mais c'est à l'image de ce que je ressens au volant de ma Mini presque aussi vieille que mon amour pour Jean-Jacques, cette impression d'empiéter, ma ridicule voiture et moi, sur un territoire et une histoire qui ne sont pas les miens. La ruelle est minuscule et je peux, d'un coup d'œil, surveiller tous les portails de la ruelle. Posée derrière le pare-brise, sur le tableau de bord en vieil acajou rutilant, ma caméra se tient prête à filmer.

Il est près de midi et j'attends. La ruelle perchée vibre de la lumière de mi-journée et je devine, par-delà le muret de pierre blanche, le bleu de la mer qui réverbère ses ondes dansantes. Jean-Jacques Goldman aurait pu habiter à Palo Alto ou à Los Angeles, il a choisi le Roucas-Blanc et c'est décidément tout à fait extraordinaire. Alors que je suis plantée là au milieu de nulle part, à scruter la mer sur un monticule vierge à cette heure de paparazzo, je ne me lasse pas de goûter une fois encore cette céleste coïncidence et me plais à imaginer le chanteur et poète debout derrière le muret, huilant ses sardines devant son barbecue, tablier autour de la taille et verre de rosé à la main, chantonnant joyeusement et se dandinant au son de *Get Lucky* – mon jean-jacques marseillais aime les Daft Punk. Ces vibrations m'inspirent confiance, Claudine a vu juste, la rencontre est proche, je le pressens. Cependant, comme souvent dans l'attente ainsi qu'au cœur de toute manifestation de joie, l'angoisse ne tarde pas à poindre. Et bientôt j'entends une petite voix pincée me bombarder de questions. Lorsque je le verrai sortir de ce portail blanc, quels seront mes premiers mots ? Saurai-je être spirituelle, spontanée, surprenante ? Débusquerai-je 1a répartie parfaite des comédies sentimentales des belles années ? Jean-Jacques sera-t-il conquis au premier coup d'œil ou au contraire plombé par ma maladresse effrayée ? Se moquera-t-il de mon projet ou s'en émouvra-t-il ? Me parlera-t-il de son vertige d'exister dans la tête de millions d'inconnus ? De ses chansons qui restent à écrire ? De Marseille et de sa lumière ? Me livrera-t-il de lui des choses qu'il n'avait encore jamais dites à personne ? Ou bien refermera-t-il à jamais la porte sur notre possible rencontre ? Et son charme, quel effet aura-t-il sur moi ? Me rendra-t-il mutique, inquiète, suffocante ? Vais-je tressaillir, décompenser, m'évanouir dans ses bras ? Ou bien alors, face à la calvitie avancée et les rides installées de celui que j'ai connu fraîchement éclos et traits racés, peau ferme et rebondie, cheveux raides et luisants, ne me noierai-je pas au contraire dans les larmes de la déception ? Enfin, et cette hypothèse tout à fait incroyable est cependant possible puisque l'Univers nous porte, ce projet et moi, dans le creux de sa main, Jean-Jacques me parlera-t-il de moi, de nous, de Fréjus et de Marseille ?... Entre, Carine, je t'attendais, tu veux boire quelque chose ou bien on chante ?...

Après une intense réflexion, j'envisage comme phrase introductive un discret et néanmoins chaleureux « bonjour ». La suite de ma phrase n'est pas encore tout à fait claire, mais mon intention l'est, qui consiste à ne vouloir l'effrayer d'aucune manière. Je souhaite éviter tout comportement qui laisserait supposer une quelconque faille psychologique de ma part : par exemple, ma capacité à beugler seule face à mon miroir « je me changerai en or pour que tu m'aimes encore » tout en piquant une petite poupée vaudoue aux cheveux bruns et raides de mille longues aiguilles à tricoter. L'angoisse me tenaille de plus belle et l'attente la redouble.

L'attente a toujours provoqué chez moi un intense sentiment d'inexistence. Le schéma, élémentaire, est celui de la disparition : en me faisant attendre, une personne tout à fait sympathique par ailleurs dévalue à mes yeux, avec la déflagration instantanée d'un violent krach boursier, ma ligne de temps, annulant purement et simplement le flux électrique de mon système nerveux. En d'autres termes : je meurs. Fréquemment, au-delà des dix quinze minutes acceptables, me vient l'envie de hurler doublée de l'inquiétante impression que l'intensité de mon cri m'enfonce d'autant dans les sables de l'oubli. Certes, aujourd'hui, les choses sont différentes : personne ne m'a donné rendez-vous ni posé de lapin pervers, j'ai choisi en toute liberté de planquer devant une maison qui a une chance sur plusieurs milliers d'être celle de l'idole de ma jeunesse, et je suis par conséquent pleinement responsable du sentiment misérable qui m'étreint. Traversée de mille pensées désagréables, je vois soudain la grille de la plus grande maison de l'impasse s'ébranler et s'ouvrir au ralenti. Les secondes s'écoulent et les portes grillagées élargissent encore leur angle lorsque surgit du portail un 4x4 blanc aux vitres teintées. À son bord, une femme apprêtée qui, tandis qu'elle passe devant ma Mini, n'observe rien d'autre que le reflet rectiligne de son eye-liner dans le rétroviseur. Cette créature toute préoccupée d'elle-même et fort ostensiblement vêtue ne saurait être la compagne de Jean-Jacques, ou bien la terre est plate. Mais dans ce cas, où suis-je et qui est-elle ? Cette femme vient tout de même de sortir de la plus belle maison de l'impasse et j'ai cru reconnaître une chanson de Jean-Jacques diffusée à très haut volume dans son automobile. Je n'ose pas y penser, Jean-Jacques se vautrerait-il dans la médiocrité adultérine ? Tromperait-il son adorable seconde épouse avec une cagole immatriculée en Corse et customisée Dolce & Gabbana ? J'ai du mal à y croire mais, si tel était le cas, la déception serait immense.

Comment réagirait une fan digne de ce nom ? N'infligerait-elle pas à son idole une petite leçon ?... À cette pensée, je m'effraie de ma surprenante faculté à revêtir sans culpabilité majeure les atours de Kathy Bates dans *Misery*. Ce film, qui fait sauter les tabous et garde-fous dont est censée s'entourer toute fan saine de corps et d'esprit, possède, et c'est tout à fait troublant, un détail particulièrement remarquable (et je me dis que l'Univers s'amuse ici à me confondre) : un homonyme de Jean-Jacques y a contribué de façon décisive, je veux parler de William Goldman, scénariste multi-oscarisé ayant signé, entre mille autres scénarios, *Butch Cassidy and the Sundance Kid* (film culte qui a tout appris à Tarentino), *Marathon Man* (film culte de tous les dentistes du monde), *The Princess Bride* (film culte le plus réjouissant du monde) et *Misery* donc. Concernant *Misery*, fort heureusement, Bill a simplement adapté le roman éponyme de Stephen King et c'est tant mieux. Eût-il été à l'initiative de cette idée démoniaque qu'il m'eût étrangement, lui et son patronyme magique, délivré un aller simple vers la folie, un blanc-seing dangereusement libérateur m'autorisant à lâcher la bride à toutes les frustrations que mon cœur de fan mal aimée n'a jamais osé exprimer. En d'autres termes, Goldman m'aurait autorisée à tuer Goldman. Alors, même si je refuse d'y voir un quelconque signe, je ne puis m'empêcher de m'inquiéter un peu. De quoi suis-je capable tout au fond de moi ? Du *pire ou du plus beau* ?... Oui, l'Univers joue avec mes nerfs et à présent je l'avoue sans plaisir : *Misery* m'a toujours étrangement apaisée. Qui n'a jamais eu envie de violenter, de malmener, de tuer un peu ses idoles et de les dompter pour qu'elles nous obéissent ? Le premier, le père de tous, Abraham, l'a fait pour le bien de l'humanité croyait-il, alors qu'il voulait peut-être simplement débarrasser le plan de travail bordélique de son père. Nettoyer toute cette poussière de bois et ces minuscules boulettes d'argile séchées, jeter une fois pour toutes ces statuettes posées les unes sur les autres n'importe comment. Et n'en vénérer plus qu'une, invisible par-dessus le marché. C'était propre, économique, et furieusement feng shui. Le monothéisme est, depuis la nuit des temps, affaire d'obsessionnels qui ne souhaitent plus passer leurs jours à traquer la boulette d'argile sur les statuettes idolâtres, j'en suis, en vieillissant, de plus en plus convaincue. Pour autant que Jean-Jacques soit mon monothéisme à moi, je ne souhaiterais le blasphémer pour rien au monde, à moins bien sûr qu'il ne m'ait trahie ou déçue. M'a-t-il trahie lorsque, des années plus tôt, il m'arracha son amour et en épousa une autre ? M'a-t-il déçue en ignorant tout ce temps l'impact qu'il exerça sur ma vie, sa façon à lui de me broyer le cœur en toute inconscience, au point que je dus y mettre un terme afin d'échapper au naufrage ? Et à présent ne me trahit-il pas encore lorsqu'il trompe ostensiblement celle pour qui il m'a délaissée ?... Pour tout cela, devrait-il demeurer impuni ?... Ma vieille raquette de tennis jetée sur la banquette arrière prend quelques longues secondes des allures de batte de base-ball tachée de sang. Effrayée des féroces clichés que je pourrais faire surgir, je démarre en trombe et quitte l'impasse des Colonies. À tout jamais.

Claudine ne souhaite pas connaître les détails de ma quête ; à ses yeux, c'est une affaire privée entre moi et moi, elle ne mettrait pas le nez dans les brouillons d'un écrivain, précise-t-elle encore, alors je garde pour moi mes déductions douteuses de cette première journée dans l'impasse.

Mais le lendemain, je me demande comment j'ai pu croire une seule seconde à une coucherie entre Jean-Jacques et une conductrice de 4x4 diesel. Et sur ces pensées profondes, je repars faire le guet et me poste impasse du Roc-Fleuri, fesses calées bien au fond de mon vieux siège en acrylique élimé. Même heure, même lumière, mêmes pierre blanche et vapeurs méditerranéennes, même odeur de poisson grillé et de ratatouille, à une exception près et non des moindres : j'envisage aujourd'hui de sonner à la grille de la plus jolie maison de l'impasse, caméra cachée au fond de mon sac façon reportage clandestin. À chacun son jean-jacques. Chacun porte en lui une des mille facettes diamantées de l'artiste qui lui ressemble. Je suis née avec un jean-jacques en strass gravé en creux quelque part dans le cœur et j'attends, depuis toutes ces années, de retrouver l'empreinte en relief qui, imbriquée dans ma béance, m'ouvrira les portes de la complétude. Et ce moment-là approche. À l'idée de sonner à cette grille – et un pressentiment diffus me murmure que cette maison pourrait bien être la sienne –, je suis morte de trac. Pétrifiée par la peur du ridicule et du néant, dans cet ordre-là s'il vous plaît. Si bien que j'ai fait ce que j'ai vu faire dans les films ; je me suis acheté une bouteille de whisky que je bois à présent par gorgées minuscules et écœurées, à même la bouteille cachée dans un sac en plastique vert translucide. Toutes vitres ouvertes dans ma voiture écrasée par le soleil, je pourrais aussi bien être, grosseur des moustiques exceptée, dans *U-Turn, ici commence l'enfer* d'Oliver Stone. La bouteille à moitié vidée, je sors titubante de mon antiquité, accroche mon sac en bandoulière et m'approche de la grille en fer forgé.

À peine tends-je la main en direction de l'interphone que deux énormes chiens surgissent dans un aboiement furieux, alors je fais aussitôt demi-tour et rejoins, tel un crabe, ma bagnole-rocher. Ayant fermé vitres et portières, je claque encore des dents, j'ai la phobie des chiens. Et l'idée de Jean-Jacques s'entourant de dogues allemands, dans le panthéon des tue-l'amour, détrône de loin la cornemuse. Je regarde ma vieille raquette trouée et des idées de meurtre canin me traversent. Cependant cette piste est la bonne, je refuse de me laisser impressionner par des animaux domestiques, alors je respire un grand coup, ouvre la portière et me poste à nouveau devant l'entrée. Les chiens n'ont pas cessé leurs aboiements, mais à présent je n'entends plus rien, flottant dans une torpeur anesthésiante au goût de whisky (j'en ai repris une lampée avant de ressortir). Et puis la grille me protège, si bien que j'enfonce courageusement le bout de mon index sur le bouton de l'interphone, jetant avec inconscience un regard de défi aux clébards de malheur. Une voix d'homme grésillante répond :

— Oui ?

Je souris à la caméra de vidéosurveillance et dis :

— C'est pour le calendrier des pompiers.

Ça m'est venu tout naturellement, en plein mois de juillet, l'instinct des héroïnes.

— Je vous ouvre.

Le bip d'ouverture de la grille résonne et les chiens se taisent.

Silence.

Je pousse la grille au ralenti. Autour de moi, le jardin sobre dispose de ce qu'il faut de fleurs et de couleurs pour inviter à la joie, et je me dis que cela pourrait aussi bien ressembler à l'une de ses chansons. Sur le gravier parfaitement agencé, je déplie mes pas à cent cinquante images par seconde. Quelques semaines plus tôt, ma mère m'avait demandé de son ton inquisiteur et clairvoyant : « Tu fais ce film pour le rencontrer ? » Évidemment, lui avais-je répondu. Mais à présent mon cœur se serre et des pulsations accélérées battent contre mes tempes. Comment regarder Dieu dans les yeux ? Peut-on le voir sans être aussitôt foudroyé par l'éclat de sa vérité ? Ne serait-il pas plus prudent de passer mes heures à scruter l'horizon ou bien à le rêver sur les murs familiers de ma chambre à coucher, attendant qu'il débarque, cheveux raides au vent et guitare à la main, de son céleste voilier musical ? Une vie à attendre et à espérer ne vaut-elle pas mieux qu'une vie à éprouver et à souffrir ? De la grille au perron, l'allée que je parcours se déroule à présent sous mes pas à deux cents images par seconde et une certitude m'étreint : si je rencontrais Jean-Jacques, j'en mourrais sur-le-champ.

Sur le perron en pierre de Cassis, un homme ouvre la porte.

Son visage est beau, avenant, familier.

Je perds connaissance.

13

Plus saignant

Quelques heures auparavant, je reçois un coup de fil de mon agent qui ne m'appelle qu'entre six heures et demie et sept heures moins le quart du matin les dimanches et jours fériés. Elle s'inquiète. Elle a vu mon montage. « Tu devrais tout reprendre à zéro, Carine, tendre les enjeux, rendre ton héroïne plus contemporaine, trouver des situations plus saignantes, faire une vraie fiction, après tout, c'est ce que tu sais faire quand même… (Rires.) Tu tiens un excellent sujet, il faut qu'un maximum de personnes s'identifient, alors ouvre, n'hésite pas, élargis… »

Elle me demande de lui envoyer une ébauche de scénario d'ici la fin de la matinée. Il est six heures trente-cinq du matin, j'ai cinq bonnes heures devant moi, alors d'accord, je vais faire ça, je vais faire saigner les cœurs et les enjeux, et rédiger un petit synopsis. Et aussitôt je m'y colle. Tandis que je tape, les minutes filent à la vitesse de la lumière et à peine ai-je tourné les yeux vers mon radio-réveil cube numérique qu'il est déjà dix heures quarante-trois. J'envoie donc à mon agent sur son mail perso, copie à son assistante, copie cachée à sa deuxième adresse perso, un court synopsis en point doc. J'entends le bruit de coup de vent associé par Apple au départ d'un mail, prends mes lunettes de soleil et sors m'acheter ma bouteille de whisky dans son sac translucide vert. Il est dix heures quarante-sept et, sur sa boîte mail, voici ce que mon agent peut lire :

Jean-Jacques

une proposition de fiction unitaire de Carine H.

Le pitch : Caroline Perrault, flic quadra parisienne traumatisée par sa dernière affaire, est mutée à Marseille. Fraîchement installée dans la cité phocéenne, elle tombe par hasard sur une rixe et sauve un homme. Un homme au visage tuméfié, méconnaissable et amnésique. Et bientôt, Caroline reconnaît dans les traits de celui qu'elle vient de sauver son chanteur préféré... Jean-Jacques Goldman. Pour cette ex-fan qui traverse la période la plus sombre de sa vie, la coïncidence est troublante et l'occasion trop belle. Et bientôt, tout en prenant soin de lui, elle perd pied...

L'histoire : Caroline est une excellente flic. Elle travaille depuis plusieurs années sur une grosse affaire de trafic de stupéfiants à échelle européenne. Mais suite à un flag qui tourne mal, Caroline perd son collègue et compagnon François Castelli, touché par une balle en plein cœur. Cette affaire qu'elle boucle pourtant avec brio lui aura tout pris : l'homme qu'elle aimait et les cinq dernières années de sa vie où elle pouvait encore faire un enfant. À présent il est trop tard. Alors, craignant de sombrer dans la dépression, Caroline décide de changer d'air. Elle a envie de Méditerranée, de soleil et de cigales. Elle demande sa mutation à Marseille et l'obtient. Arrivée dans la cité phocéenne, elle rencontre son nouveau chef, le commandant Franconi, Marseillais en place depuis des années, qui connaît sa situation et se félicite de cette recrue de qualité. Elle a quelques jours pour s'installer et se faire à la ville avant de retrouver le terrain. Alors il la met au parfum : qu'elle profite de ces jours de repos parce que ici c'est pas le 36, ici, c'est Marseille, ça sent le shit, les kalachs et les embrouilles, et quand il ne fait pas une chaleur à se mettre la tête dans un seau de pastis, c'est le mistral qui vous la met en vrac. Bienvenue, Perrault. Merci, commandant.

Ses cartons à peine posés dans son nouveau salon avec vue sur la Bonne Mère, Caroline se retrouve quelques minutes plus tard perchée sur le haut tabouret d'un bar à hôtesses du quartier de l'Opéra, et commande un mojito. Quand une femme d'un certain âge au décolleté encore ébouriffant bien que ridé lui sert un mojito framboise, Caroline sait qu'en ce lundi 3 avril, à 11 h 27 précises, elle amorce un nouveau chapitre de son existence. Et tandis qu'elle croque sa troisième framboise, regard collé à la petite fenêtre grillagée, elle voit sortir du bar d'en face un homme grand, mince et passablement ivre, qui se fait agresser verbalement par une bande de cinq types non cagoulés surgis de nulle part, avant d'être sauvagement tabassé. L'agression se déroule sous les yeux de Caroline qui, sans hésiter, termine cul sec son mojito et vole au secours de l'homme. Comme elle n'a pas son arme de service sur elle, elle brandit son smartphone et hurle aux sales types qu'elle est flic et qu'elle a tout filmé : qu'ils lâchent tout de suite leur victime, elle vient d'envoyer la vidéo de leur agression sur le mail du commandant en chef du commissariat de l'Évêché, et elle leur promet que ce sera pire que YouTube… Effrayés, les types détalent comme des lapins, mais elle ne parvient pas à les rattraper.

Dans l'ambulance qui fonce vers l'hôpital Nord, Caroline tient la main de l'homme inconscient au visage tuméfié. Elle l'observe. Ce regard noir, cette finesse de traits, ces cheveux… Elle connaît cet homme, l'observe avec insistance et n'ose y croire. Serait-ce, sous les blessures et sous les coups, Jean-Jacques Goldman ?… Profitant de son état inconscient, Caroline fouille et trouve les papiers de l'homme. C'est bien lui, Goldman Jean-Jacques né en octobre 1951 à Paris 19e… L'idole de son adolescence, son chanteur préféré… Caroline sursaute lorsque l'ambulancier lui demande si elle est la compagne du « monsieur ». Camouflant les papiers du chanteur, elle confirme et donne aux urgentistes le nom de son ex-compagnon, François Castelli. Quelques heures plus tard, sonné, Jean-Jacques Goldman se réveille dans un lit d'hôpital et découvre Caroline à son chevet. Il a tout oublié, il ne sait plus qui il est ni ce qui lui est arrivé. Il ne reconnaît pas non plus celle qui se présente comme sa compagne. Le médecin chef diagnostique une amnésie temporaire et Caroline, sous l'emprise d'une mystérieuse puissance, ne dissipe pas le malentendu. Au contraire, et parce qu'elle vient de traverser une funeste page de son existence, elle plonge sans scrupule et lui rafraîchit la mémoire à sa façon : « François » a été victime d'une violente agression, heureusement Caro était là pour lui, comme elle est à ses côtés depuis près de dix ans. La mine perdue et inquiète de Jean-Jacques Goldman qui perce sous ses bandages ne fait pas flancher Caroline. Les jours suivants, elle le veille et le soigne, et finit par convaincre le médecin que « François » sera mieux chez eux, dans leur maison. Le médecin chef accepte.

C'est un Jean-Jacques au visage bandé que Caroline installe dans son nouvel appartement aux cartons à peine vidés. Ils viennent tout juste d'arriver à Marseille pour un nouveau départ, il ne se souvient pas ? Elle est flic… Et lui, demande Jean-Jacques, que fait-il dans la vie ? Il est flic comme elle, lance Caroline, un flic courageux, perspicace, un excellent élément spécialiste du trafic de stupéfiants… Les jours passent et Caroline invente et raconte entre elle et Jean-Jacques une intimité amoureuse passée. Comme il est encore fragile, lui explique-t-elle, mieux vaut qu'il ne sorte pas, elle s'occupe de tout. Jean-Jacques ne se doute pas une seule seconde que la presse people commence à s'inquiéter de son étrange disparition. Et Caroline, en bonne flic qui ne laisse rien au hasard, prend soin de couper le chanteur de tout contact avec l'extérieur : presse, télévision, radio, Internet… Jean-Jacques vit reclus dans une bulle, évoluant dans un brouillard mémoriel inquiet, croyant être quelqu'un d'autre et nourrissant une profonde reconnaissance pour « Caro » qui le veille et le soigne.

Ce qu'il ne sait pas, c'est que, non contente de le séquestrer, Caroline le drogue.

À mi-chemin entre Misery *et* Good Bye, Lenin !, Jean-Jacques *explore la thématique d'un amour malade.*

— Elle meurt à la fin ?

— Évidemment. Tuée à coups de poignard par Jean-Jacques.

— C'est sombre, me dit mon agent.

Qu'attendait-elle ? *Coup de foudre à Notting Hill* ? Goldman n'est pas Julia Roberts et je ne suis ni Hugh Grant ni libraire. Par ailleurs, dois-je lui rappeler que Marseille ressemble autant à Londres que Tulle à Paris ?

14

Effet spécial

Je me réveille dans une chambre d'hôpital. Dans mon sommeil, ma tête a roulé, en appui instable, sur le cadre métallique du lit. Face à moi, la grande fenêtre s'ouvre sur un arbre qui abrite la moitié des cigales du bassin méditerranéen. Que m'est-il arrivé ? Depuis combien de temps suis-je ici ? Et qui m'y a conduite ? Mais surtout, est-ce bien Jean-Jacques que j'ai cru voir avant de m'évanouir ? Et si c'est bien lui, serait-il encore là, miraculeux, à attendre gentiment mon réveil, hésitant devant la machine à café entre un serré sucré et un potage à la tomate ? Que s'est-il passé ? Ai-je perdu connaissance suite à une hallucination alcoolisée ou bien à cause du choc stendhalien que m'a procuré la vision véritable de l'homme aux cheveux raides et à la voix aiguë ? Le fait est, et je n'ai pas pour habitude de mettre ma vie en scène, encore moins lorsqu'elle risque de ressembler à mes trop indigentes œuvres audiovisuelles, le fait est cependant que je crains d'être frappée d'amnésie. Une amnésie locale, succincte et circonstanciée, mais une amnésie tout de même, car je n'ai aucun souvenir de ce qui s'est passé. L'infirmière venue prendre ma tension commence tout juste son service et n'est au courant de rien. Elle me répète simplement ce qu'elle lit dans mon dossier : un homme a appelé anonymement et signalé aux marins-pompiers que j'avais perdu connaissance devant chez lui. Et cet homme-là ne m'a pas accompagnée aux urgences. Bien. Je prends connaissance de ces informations sans éprouver le plus fugace ressentiment, et pense aussitôt à ma caméra : même avec un tiers de bouteille de whisky dans le sang, je suis certaine de l'avoir enclenchée avant de plonger dans ces inconfortables limbes tourbés. Je me lève avec difficulté – je découvre que je me suis fait une entorse à la cheville lors de ma chute, traverse la pièce à cloche-pied, récupère mon sac posé sur un petit fauteuil, l'ouvre avec une certaine anxiété. Et si Jean-Jacques, en homme public habitué à contrôler ses apparitions, avait récupéré la caméra et effacé les images ? Mais non, ma caméra est toujours là. Et cette découverte à la fois me réjouit et me plonge dans le doute. Je l'allume et constate qu'elle n'a plus de batterie alors je la branche au secteur, patiente quelques secondes, le temps qu'une image de pile en train de blanchir réapparaisse sur l'écran numérique ; puis je rembobine et appuie sur le petit triangle couché et ses deux bâtons suspendus. Une image apparaît, amputée dans un coin par la toile de mon sac, que j'avais découpée à la hâte pour faire de la place à l'objectif. À l'image, la grille s'ouvre, un homme s'approche, je ne filme que son buste, puis l'image s'écroule aussitôt, je viens de perdre connaissance, alors l'homme s'agenouille, je ne vois que ses genoux et ses mains, et soudain j'entends sa voix : « Mademoiselle, mademoiselle… Mademoiselle ?… » Un bruissement de vêtements, l'homme a posé sa tête sur mon cœur – à l'image son coude en gros plan, il se redresse, compose un numéro sur son portable, une tonalité, ça décroche, Oui, bonjour, une jeune personne a perdu connaissance devant chez moi, impasse du Roc-Fleuri (et j'entends *rock* fleuri), non je ne la connais pas… Je ne sais pas, je n'ai pas regardé, je préfère vous laisser faire… Dans dix minutes ? Très bien, j'attends… Et il raccroche. Se relève, pan de jean bleu foncé dans le ciel clair, j'entends ses pas sur le gravier et le grincement de la grille qui se referme… Que fait-il ? Aurait-il menti aux marins-pompiers en prétendant les attendre, au lieu de quoi il me laisse seule et inconsciente sur l'asphalte du rock fleuri, à la merci du premier pitbull venu ?!... Silence autour de moi.

Je me réveille une seconde fois.

Sur la petite table, O. a déposé un bouquet de fleurs de la part de Claudine qui, lui a-t-elle dit sans entrer dans les détails, préfère éviter les hôpitaux. Mon compagnon et ma fille sont passés me voir et, à ma mine pâle, O. s'inquiète : je ne devrais pas me mettre dans des états pareils, je prends ce projet de film trop à cœur, je dois me reposer, prendre de la distance, et surtout cesser d'écouter Claudine.

Tandis que O. me parle, je me lève – et constate que, comme dans mon rêve, j'ai bel et bien une entorse à la cheville droite –, sautille jusqu'à un fauteuil, attrape ma caméra et note que, contrairement à mon rêve, l'enregistrement a cessé juste après ma chute. L'ai-je vraiment vu ? Est-ce la vision que j'ai eue de lui qui a provoqué mon évanouissement ? Le doute demeure entier. Mais je sais que O. a raison. Ma réaction de midinette est un naufrage psychique, je devrais respirer et accepter l'idée que peut-être je ne le rencontrerai jamais. Mon compagnon s'est levé, encore inquiet, cependant ils doivent partir, il y a le bain à donner, le dîner à préparer, le réveil tôt pour l'école le lendemain matin. Ma fille, restée assise sous le lit pendant toute la conversation, sort alors de sa cachette en sautillant.

— C'est quoi ça, maman ?

Elle me tend un morceau de papier griffonné à la main qu'elle a trouvé sur le lino. Au verso, un numéro de portable. Au recto :

À bientôt. JJG.

15

Une rencontre

— Il t'a écrit « À bientôt ».

Claudine a relu trois cent quarante-sept fois le petit mot qu'elle défroisse religieusement et aplatit sur un coin de table. Voilà deux jours que je suis sortie de l'hôpital, deux jours que Claudine me répète cette phrase en boucle, et près de deux semaines qu'elle squatte le canapé du salon. O. commence à s'impatienter.

— Elle est sympa ta copine, mais elle est un peu folle, non ?

— Pas du tout, elle traque la pleine conscience, un état de bonheur permanent, moi je trouve ça courageux.

— C'est bien ce que je dis, elle est complètement cinglée.

Je n'ai pas mentionné à O. les passages successifs de Claudine en hôpital psychiatrique, car après tout moi aussi j'aurais pu sombrer. Si Caroline était mon double ricanant, Claudine, au fil des jours passés avec elle, me fait l'effet d'une version altérée de moi-même, de celle que j'aurais pu devenir si, noyée dans l'impossible flot amoureux de Jean-Jacques, j'avais avalé la tasse et désoxygéné mon cerveau plusieurs longues minutes avant de m'abîmer dans les fonds goldmaniens aux coraux chantants. Claudine vient de défroisser pour la vingt-cinquième fois en trente secondes le petit mot et son geste insistant en devient presque obscène.

— Tu es prête, poursuit-elle, je le sens, c'est là, tu te déploies et tu scintilles, tu agglomères tes cellules, tu deviens liberté, pure énergie de vie, il a dit à bientôt, il est d'accord pour te rencontrer, tu me raconteras ? *Tu me diras les voix, les envies qui te mènent, tu me raconteras les vents les courants qui t'entraînent… ?*

Elle a cité Jean-Jacques, et un instant je m'inquiète. Mais Claudine me rassure, elle est parfaitement saine d'esprit. Et à ses yeux, cette rencontre signe la dernière étape d'un processus enclenché avec le film, elle est la marche ultime vers la rencontre véritable entre moi et moi, qui fera exploser mon sous-plafond et me permettra d'accéder à la fameuse pleine conscience ; je goûterai alors au calme des vivants, ceux qui savent qu'ils vont mourir et mordent quand même avec plaisir dans la croûte de pain craquante. Son sous-plafond, Claudine l'a explosé d'un coup sec et des deux poings il y a longtemps déjà, lors de son premier internement, et depuis elle est libre, libre, et moi aussi, je le serai bientôt.

— Cette rencontre, conclut-elle, est une danse de la pluie intérieure qui fera ruisseler l'eau de Dieu sur toute la surface de tes cellules, alors appelle-le, Carine, prends rendez-vous.

Que je l'appelle ? Elle veut dire, que *je lui parle* ?

— Oui, au téléphone, se parler, c'est plus pratique.

Mais un rendez-vous, elle est marrante, comment veut-elle que j'organise un rendez-vous ?

— Pense à un lieu : ça peut être chez lui, dans un studio d'enregistrement, dans un café, un jardin, ou même au Vélodrome si ça te chante.

Impossible. L'endroit rêvé de notre rencontre n'est pas de cette planète, il réside dans un pays lointain et imaginaire, il est le fruit d'une pensée lunaire, d'un récit de papier, d'un film fantastique. Aucun endroit n'en est digne.

Claudine s'impatiente : je résiste et c'est normal, cependant accepter la réalité de l'existence de Jean-Jacques Goldman en dehors de moi et de mon film fait partie du processus global d'accomplissement.

— Tu fais un documentaire, pas un conte pour enfants.

Elle n'a pas tort. Le rencontrer était indéniablement l'objectif de toute cette affaire alors, même si cet horrible mot (« objectif ») rejoint la ronde d'autres mots honnis (« efficace », « impeccable », « porte de garage métallique sectionnelle »), je réfléchis. Il y aurait bien cette ruelle derrière le jardin du Pharo, une petite anse en bordure d'eau où s'entassent, au fond d'une impasse, des hangars à bateaux plantés sur pilotis, c'est un décor de bout du monde, un abri, un refuge, un rendez-vous sur l'eau, je pourrais y retrouver Jean-Jacques et dériver avec lui, *comme un bateau dérive*, au milieu de l'eau sur un petit pointu, et alors il me montrera Marseille depuis la mer, le point de vue est magique, Carine, depuis l'eau, Marseille est une terre promise, une rive rêvée, le lieu de tous les possibles – de tous les possibles en effet puisque Jean-Jacques me parle et me conduit, moi, minuscule point lumineux contemplant avec lui, loin de la côte, la skyline marseillaise de fin du jour.

Alors j'appelle. Messagerie, je raccroche. Un regard insistant de Claudine, et je compose à nouveau le numéro. Cette fois, je laisse un message.

— Bonjour Jean-Jacques Goldman c'est Carine vous savez la personne qui est tombée dans les pommes devant chez vous il y a trois jours et pour qui vous avez appelé les pompiers alors juste pour vous rassurer j'ai fait un petit malaise qui n'avait rien à voir avec vous j'avais mangé un sale truc à midi mais bref peu importe là je vais beaucoup mieux et du coup comme j'ai trouvé votre petit mot à bientôt très gentil très sympa vraiment vous étiez pas du tout obligé je me permets de vous rappeler je ne sais pas si vous avez du temps ces jours-ci moi je pourrais me dégager un créneau peut-être dans trois jours ou même demain ou même tout de suite pour qu'on se rencontre j'ai pensé à un endroit discret pour que vous ne soyez pas embêté un petit hangar à bateaux derrière le Pharo près d'une zone en friche je pourrai vous parler de mon projet de documentaire et vous montrer quelques images de mon film et si on a un peu le temps on pourra même faire un tour en bateau je n'ai pas de pointu mais je pourrais me débrouiller pour qu'on m'en prête un voilà j'attends de vos nouvelles à bientôt Jean-Jacques Goldman à bientôt et merci.

Je raccroche et j'ai envie de mourir. Un tour en bateau. Et pourquoi pas un week-end à Venise ! Qu'est-ce qui m'a pris ? Il ne va jamais répondre, il préférera éviter une folle et je le comprends, cependant Claudine me calme : j'ai été parfaite au contraire, sincère, touchante, aie confiance ma chérie, et n'oublie pas, la pleine conscience. Et là-dessus Claudine sort se promener pour, dit-elle, « goûter les vibrations de la ville ». Trois longues heures s'étirent devant moi, solitaires et infinies, dans la pleine conscience de ma stupidité ; aussi, afin d'éviter de les passer à scruter fébrilement l'écran de mon smartphone dans l'attente de la divine réponse, je décide de mettre mon portable en veille, le range au fond d'un tiroir que je ferme soigneusement à clé, jette la clé dans la poubelle, ferme le sac que je m'apprête à jeter dans la benne à ordures, quand soudain, ouvrant la porte, sac-poubelle sur l'épaule, j'entends un frémissement digital assourdi provenant du tiroir, alors, prise de panique, je déchire le sac-poubelle, m'y plonge, échevelée, trouve la clé que je rince, m'en vais ouvrir le tiroir, y saisis mon portable et découvre un texto :

> Aujourd'hui dans votre panier fraîcheur :
>
> un kilo de courgettes,
> deux aubergines,
> un kilo et demi de pommes de terre,
> un chou chinois,
> six pommes royal gala,
>
> merci et à tout à l'heure pour votre panier fraîcheur.

Je reste bête sur mon tas d'ordures. Et j'envisage, pour éviter la camisole chimique qui nous guette, moi et ma pleine conscience, de passer le reste de la journée à scruter fébrilement mon portable. Les heures, les minutes, les secondes s'écoulent, mais rien, pas un mot, pas un bruit, pas le moindre soubresaut qui pourrait animer cet écran-boîte, juste le silence et la morsure de l'attente.

En fin de journée, lorsque je vais chercher ma fille à l'école, je la sens qui s'étonne de voir des épluchures de carottes dans mes cheveux, alors j'explique : j'ai cherché dans une poubelle un trésor que je n'ai pas trouvé ; elle me dit qu'elle peut m'aider, elle s'y connaît bien en trésors et en poubelles, elle ajoute que c'est normal, elle est une vraie Marseillaise ; et bientôt Claudine rentre de sa promenade, les bras chargés de branches de fenouil sauvage qu'elle a cueillies dans les jardins secs et grimpants qui bordent Notre-Dame-de-la-Garde. « Des trésors ! » Ma fille en sautille de joie, Claudine propose de préparer le dîner et, tout en cuisinant, explique à ma fille que la Reine des neiges existe et qu'elle a la ferme intention de la rencontrer. Je suis fière de la moue sceptique de ma progéniture, et c'est à ce moment-là qu'un tintement prodigieux résonne au milieu des épluchures. Je me jette sur l'écran lisse et découvre un texto brillant de mille feux :

> Je serai au hangar à bateaux, près de la zone en friche, vendredi à 17 heures.
> Mon pointu sera amarré à la berge, il est blanc, rouge et bleu,
> les clés sont dans une petite pochette, sous la housse verte.
> Bien à vous,
> JJG.

Au bord du vide. Orteils crispés fouettés par le vent de face qui frappe la falaise. En dessous, le filet floqué jean-jacques. Accepter ce rendez-vous équivaut, je le sais, à sauter des deux pieds pour faire craquer le filet et aller voir de l'autre côté, de l'autre côté de jean-jacques et de mon désespoir, là où je ne suis encore jamais allée et d'où parfois l'on ne revient pas, là où le temps défile à l'envers, où visages et voix parlent une langue qui ne veut rien dire, où la musique vibre comme un tableau de Kandinsky.

Accepter ce rendez-vous exige le courage d'affronter mon angoisse de mort. L'énergie de mourir pour renaître. L'audace de m'extraire du sillon de ma non-histoire. Je pourrais aussi, à cet instant de vérité précipitée, lui préférer le flottement inconfortable et cependant familier de l'inachevé, heures amples, désirs flous, lignes de temps ramollies, après tout, faut-il aller au bout d'un rêve pour qu'il s'accomplisse pleinement ? Ne s'enrichit-il pas, ne se nourrit-il pas au fur et à mesure qu'il est précisément et simplement rêvé ? Toute cette quête d'un idéal ne se suffit-elle pas à elle-même ? Et au fond, ne l'ai-je pas déjà rencontré, mon petit jean-jacques, au fil de ma quête foutraque, au détour de mes ruelles désertes et intérieures ? Et ne risquerait-il pas, confronté au véritable, de disparaître, et ma raison avec lui ?...

Claudine me regarde, inflexible. L'angoisse de mort, me dit-elle, est rusée et protéiforme, alors « lâche prise, Carine, abandonne-toi à l'inconnu et au grand saut. Et puis si tu ne le fais pas pour toi, poursuit-elle, fais-le pour moi, pour Cachemire et pour toutes celles et ceux qui vont mourir sans avoir jamais pu rencontrer leur idole. »

Ce soir-là, Claudine se couche tôt. De mon côté, après avoir chanté avec ma fille, qui s'est endormie du Prévert plein la tête, je veille, seule, en attendant mon compagnon. Lorsqu'il voit ma mine inquiète, il me questionne, alors je raconte.

— Je ne pensais pas dire ça un jour, me répond-il, mais pour une fois, Claudine a raison. Tu dois y aller, ça fait des mois que tu cours après ça, tu ne peux pas laisser tomber, pas maintenant, de quoi as-tu peur ? D'être déçue ? Ou qu'il soit déçu ? Mais lui n'attend rien.

Tandis que moi j'attends tout. Ce grand tout informe et magique censé guérir d'un mal inguérissable, de cet invisible exil de soi contre lequel même l'amour ne peut rien. Alors oui, O. a raison.

— Le pire serait de ne pas y aller, Carine, et puis de toute façon, tu ne peux pas y échapper, « on n'échappe à rien, pas même à ses fuites, quand on se pose, on est mort ».

Un sourire surpris et amusé fend mon visage : à son tour, O. vient de citer Goldman.

— Parfois je regrette que tu ne sois pas une historienne médiéviste, j'aurais pu connaître par cœur des anecdotes incroyables sur le châtiment des hérétiques.

Je suis désolée.

— Je t'accompagne si tu veux.

C'est gentil, mais ça ira.

Il sourit. Il a réussi. Je suis convaincue.

Vendredi. J'ai prévenu tout le monde, mon compagnon, ma fille, mes parents, mon frère, mes amis, tous mes amis, et les kisskissbankers, je leur ai dit ça y est, c'est le D-day, je vais le rencontrer, je leur ai donné l'heure et le lieu, pour qu'ils pensent tous à moi et m'envoient leurs vibrations de joie. Il est à peine huit heures du matin et j'ai neuf heures à tuer avant la rencontre. Neuf longues heures. Autant dire une éternité.

Tandis que j'enregistre un selfie vidéo via ma webcam, que je m'apprête à poster à l'intention des kisskissbankers, je vois passer derrière moi Claudine, son bagage à la main, prête à partir.

— Les vacances sont terminées, ma chérie, je rentre. De toute façon, tu n'as plus besoin de moi.

On dirait Mary Poppins prenant congé des enfants réconciliés avec leur père à la fin du film. Il est dix heures vingt-trois lorsque j'embrasse Claudine.

— Je t'ai laissé une petite surprise sur ton bureau, tu verras.

Je la regarde monter dans le train et lui souris une dernière fois. De retour chez moi, la solitude m'aspire, froide et blanche. Je passe une heure à lire et écrire des mails inutiles, puis décide de visionner les multiples montages de mon film. Je découvre alors, perdue parmi mes versions, la surprise de Claudine : une joyeuse séquence qu'elle a dessinée et animée, trait enlevé et fantasque, celle de ma promenade en bateau avec Jean-Jacques, instants souriants et silencieux, doux comme le regard de Claudine. Je l'en remercie bruyamment et tente un nouveau montage auquel j'intègre sa séquence.

Il est quatorze heures lorsque je fais défiler sous mes yeux enthousiastes les images montées et revigorées par la séquence d'animation ; je décide d'en extraire un montage court, dix minutes au maximum, que je montrerai tout à l'heure à l'homme en or, et qui devra résumer, séduire et donner une idée du ton et de la forme générale du film.

Il est quinze heures lorsque, face à mon banc de montage, je doute et m'embourbe parmi différentes versions de teasers.

À quinze heures trente, je suis perplexe.

À seize heures, je suis perdue.

À seize heures trente, je refuse de sortir de chez moi.

Il est dix-sept heures lorsque Mia m'appelle sur WhatsApp pour me souhaiter bonne chance : elle a entendu ma détresse par-delà les milliers de kilomètres d'océan qui nous séparent et ne s'étonne même pas de ne pas m'entendre. Car ma voix s'est brutalement éteinte, je suis frappée d'aphonie.

— C'est le trac, Carine, une fois que tu seras face à Jean-Jacques, ça va revenir, ne t'inquiète pas, l'Univers te porte dans le creux de sa main.

Je veux la remercier mais elle ne m'entend pas et me raccroche au nez. Je saisis ma caméra, lui découvre un écran noir et constate qu'une nuit entière n'a pas suffi à recharger ses batteries. Elle aussi est vidée, frappée d'aphonie à sa manière. Me reste mon portable que, dans un geste fébrile, je fais tomber au sol. L'écran se taillade de dizaines d'éclats mais, heureusement, l'œilleton de la caméra fonctionne encore. Je me mets en route.

Arrivée à l'anse du Pharo, je rejoins rapidement le hangar accolé à la zone en friche et repère aussitôt, amarré à la berge en béton, le bateau blanc, rouge et bleu. Plus loin, sur la plage, entre rouille et broussailles, s'offre au regard, massive, une navette bleue abandonnée. L'endroit est désert, fantôme, hors du temps. Bout de terre marseillaise marquée par les départs, les exils et les promesses déçues. Il est dix-sept heures trente lorsque je reçois un texto que je déchiffre à travers les brisures de l'écran :

Désolé. Suis coincé pendant une heure encore. Serai là à 18 h 30, JJG.

Une heure à attendre, alors je traverse le no man's land, avance sur la berge et pose un pied sur le pointu.

Et tandis qu'à son bord je tangue, je pense qu'une chanson de Goldman ne tangue pas, jamais, franche, sèche, verticale, ni rondeur ni sinuosité, *À nos actes manqués* excepté, pas de bassin qui chaloupe ni de seins qui gigotent, mais une tête qui écoute, un front qui bat le rythme, un regard qui comprend, si peu de sensualité au fond chez lui sinon sa jolie personne, humble et réservée, timide diraient certains, mais l'a-t-il jamais été ? Je m'en vais le découvrir.

Je reste quelques longues minutes, pointu amarré, à tanguer comme on se berce, la lumière de fin du jour teinte de rose la surface de l'eau et de la ville. Il fait doux, je dénoue l'amarre et m'en vais naviguer. Au loin se dresse l'île d'If, citadelle rendue célèbre par ses détenus imaginaires, ses prisonniers de papier, If circuit touristique de *Game of Thrones* avant l'heure, If et son mythique Edmond, If et son passage secret spécialement créé pour les fans du livre. À la voir dressée devant moi, remparts frustes et rugueux sculptés dans la pierre réfractaire, l'île-prison m'évoque le récit de mon adolescence, récif qui résiste au temps, cette époque où mon corps trop lourd enserrait une jeune vie palpitante, une voix nue dans la nuit battue par les vents d'est, corps-prison, solitude, île sur une île ; If et ses remparts flanqués de rochers, impossible à accoster les jours de mistral, sur cette île-prison-là, je suis Edmond Dantès et Jean-Jacques est mon abbé

Faria qui me calme et m'enseigne, qui m'arme et me libère, qui me redonne l'espoir et que j'aime au point de vouloir rester enfermée avec lui à jamais dans ce cachot froid aux boyaux creusés de mes mains jusqu'à lui. Je me figure cette île qu'était mon adolescence, cette île qu'est Marseille pour moi aujourd'hui. Et ce chanteur qui peut-être existe vraiment.

La première fois que je l'ai rencontré, j'avais treize ans, lui vingt-sept. J'étais dans un lit d'hôpital, lui sur un écran de télévision. J'étais engourdie après une opération d'appendicite, il arpentait souplement les rues d'un port en quête d'aventures. J'étais en pyjama, lui en costume marin. J'étais une fille, lui un garçon. Et je l'ai regardé, fascinée, faire quelque chose d'inédit pour moi. *Il marchait seul.* Et il le chantait.

À peine remise, cicatrice sur le ventre, je me précipitai pour acheter son 45-tours, l'appris par cœur et, dès lors, nous nous mîmes en devoir lui et moi de tenir compagnie à ma solitude. Que pressentais-je alors dans l'élan de liberté solitaire qu'il chantait ? En quoi faisait-il écho à mon état balbutiant, l'aube de mes treize ans qui signaient la fin de l'enfance et d'un corps insouciant ? Cet âge inconnu et redouté qui advenait, était-il possible de m'y arracher quelques instants, de *m'offrir une parenthèse, un sursis* ?

Alors je me mis à marcher. Seule. Des heures durant dans les rues de Paris. Refusant le métro, décourageant mes amies qui ne comprenaient pas, je marchais comme on respire, Bastille/Trocadéro, Champerret/Arts et Métiers, Jourdain/Montparnasse, Saint-Germain-des-Prés/Porte de Pantin, Pigalle/Place d'Italie, pour fuir le temps et contenir mon corps fluctuant. Les mots de Jean-Jacques pavaient mes chemins, tissaient l'étoffe changeante de mon âme, se faisaient l'écho de mes exils et conjuraient enfin mon absence de récit. Jean-Jacques devint mon histoire. Ma première. La plus dérisoire, la plus folle et la plus grande.

Je n'ai jamais, j'en prends conscience à cet instant, imaginé notre rencontre. Ce point d'infini vers lequel ont tendu toutes mes lignes d'adolescence, a constitué pendant des années un tabou, un mirage, une terre promise qu'il ne fallait surtout pas atteindre au risque d'y perdre à jamais l'espoir et l'enfance, et voilà qu'à une poignée de secondes de le rencontrer, toujours aussi incapable de rien anticiper, je suis saisie d'un trac gigantesque.

Je me tourne vers le ciel et prie d'y voir s'aligner les premiers astres du soir. Sans quoi, pari occulte contre moi-même, j'en mourrai sur place. Littéralement. Après tout, l'Univers me porte dans le creux de sa main, alors, s'il ne se manifeste pas maintenant, quand ?...

Je contemple avec inquiétude le ciel encore clair du jour finissant. Quand soudain une première étoile perce, fine, délicate. Puis, à des milliards de kilomètres d'elle, une seconde paraît, discrète elle aussi mais cependant plus affirmée. Une troisième enfin se joint à elles, piquant la toile bleutée d'une lueur vive et persistante, et je remercie l'Univers et sa main généreuse. Me vient alors l'envie, dans un élan de gratitude inédit, de crier à mes sœurs et mes frères, voix qui porte vers le lointain : Levez-vous, fans du monde ! Et honorez votre jean-jacques intérieur !

Mais je ne dis rien car je dérive. Je n'ai pas été bien loin, cela a pourtant suffi à allumer ma rêverie et à distraire mon attention. Je rejoins tranquillement ma trajectoire lorsque je vois apparaître, sur la berge de l'anse, une silhouette d'homme.

C'est lui…

Plus petit que je ne l'imaginais, fluet, discret. Simple. J'esquisse un signe de la main auquel il répond, m'approche en faisant pétarader le petit moteur et le vois me sourire.

— Bonsoir.

— Bonsoir.

Mille et mille voix résonnaient dans le bruit du monde lorsque la mienne s'était tue, et voilà que mon timbre vibre à nouveau au contact de l'air, Jean-Jacques aurait-il prêté son souffle à ma voix ?

— Je me suis permis de monter, j'espère que c'est OK.

— Aucun problème.

Il s'approche du bord, j'ai ramé les derniers mètres jusqu'à lui, le pointu est devant la berge, je me penche pour nouer l'amarre, Jean-Jacques veut me prêter main-forte mais la barquette tangue et je plonge. Une fraction de seconde a suffi. À mes actes manqués.

16

Rives

Sous l'eau. Alourdie par mes vêtements trempés, j'ai bu la tasse sale et salée de fin d'été et glisse vers les fonds troubles. En apnée je cherche un bout de corde, le trouve, m'y entortille, c'est un fil de pêche, bout du filet floqué jean-jacques.

Plus je descends, plus je détricote, plus j'amenuise et plus j'effile, lentement, pixel après pixel, mailles minuscules qui se débouclent, s'ouvrent, s'évaporent, disparaissent, et avec elles le beau visage de jean-jacques, je suis au fond de l'eau, légère et affranchie, et je pense que c'est étrange de ne plus avoir peur, et voilà qu'à quelques pas de moi je vois, empilées les unes sur les autres, en une étonnante sculpture, des dizaines de vieilles malles de voyage, de tailles et de volumes divers, curieux trésors naufragés, leurs corps cabossés recouverts d'étiquettes oblitérées sur lesquelles on devine des noms de destinations exotiques et lointaines. Certaines malles sont cadenassées, d'autres entrouvertes, d'autres gisent renversées, à moitié vidées, contenus éparpillés. L'une d'elles attire mon attention : sans cadenas, couvercle refermé, ses étiquettes ont perdu leur éclat d'origine et, si les destinations sont encore lisibles, à les voir douloureusement enchevêtrées les unes aux autres, on se doute qu'à la curiosité de l'exotisme a succédé l'inquiétude de l'inconnu, et que les voyages tant désirés se sont effacés devant les exils subis. Cette malle obscure m'est pourtant familière. Que renferme-t-elle ? Quels secrets se cachent dans son antre ? Alors que je m'apprête à l'ouvrir, voilà que j'entends vibrer, surgie du fond d'une grotte, une musique entraînante. Je me laisse distraire par le rythme joyeux, m'approche du passage sombre sur les parois duquel miroitent des reflets changeants, puis je m'engage dans la trouée. Guidée par la lueur dansante, je marche ou plutôt flotte quelques pas, et débouche bientôt sur une placette au soleil plantée d'un tilleul immense, cernée de rochers bas à la pierre claire polie par les ans ; y sont assises d'élégantes personnes, femmes, hommes, enfants, vieillards, souriantes et de toutes les couleurs, toutes vêtues de blanc. Certains sont mes ancêtres, d'autres des inconnus, et tous sont étrangement unis par la blancheur de leur costume et la profondeur de leur regard ; ils racontent la même histoire, celle d'une souffrance indicible, d'une injustice cosmique, d'un cauchemar barbare, et les voici, éternels et apaisés, qui baignent dans une lumière caressante ; est-ce donc là que reposent les âmes torturées ? Est-ce ici que la peine se dissout et fait place au calme lactescent ? Serait-ce cela, l'état de pleine conscience dont m'a rebattu Claudine ? Une clarté puissante, un tilleul en fleur, des rochers polis par les âges, un sourire qui ne craint plus la mort ?

Une main vigoureuse me tire hors de l'eau et j'avale une immense goulée d'air. Première inspiration, celle du nouveau-né, mon cerveau se réoxygène et, en guise de cri premier, j'éclate de rire. Jean-Jacques Goldman sourit, soulagé.

— Ça va ? Vous m'avez fait peur.

Je suis désolée. Il faut croire que, dès que je le vois, c'est la chute et je meurs. Et je renais un peu juste après. Je suis restée longtemps sous l'eau ?

— Une dizaine de secondes.

C'est tout ?... Il me demande si j'ai froid mais non, à le regarder s'inquiéter et sourire, je n'ai pas froid.

— On va rester sur terre si vous êtes d'accord.

— Oui, je préfère aussi.

Remontés sur la berge, nous nous asseyons près du bord, jambes ballantes au-dessus de l'eau. Comme mes lèvres sont bleues, Jean-Jacques me tend une couverture rouge qu'il gardait dans le pointu.

— Parlez-moi du film.

Je lui dis que j'avais préparé un teaser sur mon portable qui est maintenant au fond de l'eau.

— Vous pouvez peut-être me le raconter.

— C'est un peu compliqué.

— C'est ce qu'on dit quand on n'est pas prêt.

Je souris. Et je tente alors, par bribes désordonnées, de décrire mes errances dont le climax se joue ici, avec lui, en cet instant précis que je ne peux pas filmer. Il sort son téléphone portable.

— Tenez.

J'hésite un instant, il insiste, merci, super, vraiment merci. Et je commence à le filmer.

— Et vous ? Vous n'êtes pas dans le cadre ?

Je ne suis pas venue faire un selfie avec lui – ça le fait sourire, et puis en toute logique, un film comme celui-ci mérite plusieurs longues secondes de gros plan sur lui seul.

Il sourit encore. Et se laisse filmer en silence. Ma main nerveuse fait un peu trembler l'écran du smartphone, et cette image chancelante ressemble à mon jean-jacques intérieur, le dodu, le petit, le minuscule qui palpite tout contre mon cœur et qui, à cet instant, ne comprend rien à ce qui lui arrive ; contours imprécis, gommés soudain, il se floute, se grise, s'agite, s'inquiète, devenant peu à peu le brouillon de lui-même et comprenant qu'il est en train de disparaître, il m'implore de lui expliquer mais je suis aussi étourdie que lui, frappée comme lui par la réalité de la rencontre, à deux doigts du court-circuit, et le moment mille fois espéré fait craquer à l'intérieur de moi mille poches d'émotions retenues depuis des siècles, ça grésille ça craquette ça crépite ça explose, je sens pourtant qu'il y a urgence, je risque de manquer ce rendez-vous et de m'en vouloir pour l'éternité, alors je raffermis ma prise et assure mon cadre, sourire gêné, excusez-moi j'ai l'air un peu fébrile mais soyez sans crainte je ne vais pas m'évanouir à nouveau ni tomber dans l'eau. Le chanteur de chair et d'os m'excuse de son sourire paisible. Il se tient là, devant moi, et je suis libre de détailler son visage vieilli à la surface duquel affleure sa belle âme. Ce monsieur discret, inconnu, réfléchi, inspire et expire le souffle bien réel de son existence et je m'émerveille car, n'en déplaise à José, le vrai Jean-Jacques Goldman est tout à fait filmo-persistant. Et force m'est de convenir qu'il ressemble décidément bien plus à lui-même que mes faux jean-jacques – et cette adhésion momentanée du rêve à la réalité vient combler de sourdes béances à l'intérieur de moi. Certes Jean-Jacques n'a plus ce visage juvénile dont je suis alors instantanément tombée amoureuse, mais à le voir aujourd'hui, vieilli et élégant, je suis rattrapée par une douce tristesse, une nostalgie délicieuse où se mêle l'espoir insensé de peut-être retrouver un jour ce qui n'est plus. La *saudade*. Jean-Jacques n'a guère écrit de chansons sur un air de bossa-nova, la seule, peut-être, qui pourrait s'en approcher est la belle et drôle *Doux*, dans laquelle il détaille avec esprit tous les amants qu'il ne sera jamais.

— Vous n'êtes pas déçue ?

Son sourire intelligent me dit qu'il sait, et depuis toujours, qu'il n'est pas le petit jean-jacques replet qui gigote derrière le sternum de ses fans. Il a su demeurer intègre et fidèle à lui-même, et ne s'est pas délité dans les eaux acides de la célébrité. Et ce sourire-là rassure un peu mon jean-jacques fragile et rondouillard qui se détend et en perd ses lettres minuscules.

— Pas du tout, même si la réalité est souvent décevante, mais pas vous. Vous, vous êtes réel et c'est incroyable.

Il sourit et laisse planer un silence dans lequel je m'engouffre.

— Je voudrais vous dire pourquoi c'était vous.

J'ai parlé sans réfléchir, et ma voix regrette et grelotte de devoir s'expliquer.

— D'accord.

J'inspire…

— Vous étiez différent, vous ne me faisiez pas peur, votre colère était plus nuancée, et puis votre allure d'adolescent, votre voix trop aiguë qui semblait muer, vos gestes raides quand vous dansiez, tout chez vous paraissait sans danger, accessible, familier, vous n'étiez jamais condescendant non plus, mais sincère, honnête, chaleureux, même vos moments de séduction sur scène, s'ils étaient joueurs, n'étaient jamais cruels, comme un pacte tacite entre le public et vous, vous étiez un homme, pas un prédateur, un ami jamais impudique, un grand frère mais pas un gourou. Et cette finesse, cette estime, cette nuance qui se dégageaient de vous, se réverbéraient sur nous tous qui vous écoutions.

… J'expire.

— Merci.

Je suis encore tremblante de tous ces aveux lorsqu'il demande :

— Qu'est-ce que vous comptez faire de ce film ?

— Ce que vous voudrez. Si vous ne l'aimez pas, il restera clandestin mais vous ne pourrez que l'aimer, j'en suis sûre.

Je n'en reviens pas de mon aplomb, Jean-Jacques en est amusé.

— Et pourquoi ?

Le frissonnement a disparu, je me sens pousser des ailes.

— Parce que ce film, vous en êtes le prétexte plus que le texte, et je le dépose devant vous en une offrande bizarre et décalée qui n'exige rien d'autre que votre bienveillance et votre bénédiction.

Un temps. Un long silence. Jean-Jacques m'a écoutée et je crains sa réaction, mais voilà qu'il lance, timbre souriant :

— OK. J'ai hâte de le voir.

Nous nous levons et marchons, longeant la berge face à la pierre calcaire d'If qui rosit à cette heure.

— J'aime beaucoup cette île.

— Moi aussi.

Nous restons un instant à contempler le château dont les pierres passent du rose du couchant au gris-bleu de la nuit commençante, deux étrangers côte à côte qui goûtent le calme de leur liberté, le souvenir furtif de leur adolescence perdue, cadeaux précieux et imprévus de la fruste cité qui sait être majestueuse par fulgurances, et la caméra saisit ce moment.

— Je peux vous demander quelque chose ?

— Je vous écoute.

— Vous voudriez bien chanter pour moi ? Je veux dire pour le film.

— Si vous voulez.

Un court instant je l'imagine, magicien, sortir de sous la housse verte du pointu un étui à guitare, mais :

— J'ai laissé ma guitare sur ma moto.

Je l'attends et pense que cette rencontre est à son image, ni flamboyante ni extravagante, mais attentive.

Quelques minutes plus tard, il revient, sa guitare à la main. Je propose :

— *Il suffira d'un signe* ?

— Il suffira d'un signe.

Le chanteur s'installe, guitare contre ventre, et, sur son smartphone, je le cadre de mes deux mains. Un temps, un accord, et la chanson commence… Si j'avais été fan d'un autre que lui, je me serais jetée, tremblante et révolutionnaire, dans ses bras, pétrie d'illusions du grand soir, j'aurais scandé des slogans, brandi des drapeaux, psalmodié ses chansons comme autant de prières, j'aurais fait offrande de ma jeunesse et de mon corps à ce chanteur-là, consumée d'amour et de brûlantes certitudes, et persuadée d'œuvrer à quelque chose de plus noble que moi, j'en aurais été fatalement diluée, brouillée, effacée, mais ce chanteur-là n'assénait rien, il se méfiait au contraire des absolus, leur préférait les doutes et les rêves de chacun, il ne projetait personne ailleurs que dans la réalité que nous partagions avec lui et qu'il chantait, et déchantait, digne et clairvoyant, loin de toute abnégation suspecte et avec pour seuls guides le courage et l'espoir, et je comprends soudain que c'est par tout ce qu'il était, par tout ce qu'il chantait, qu'il m'a permis de m'affranchir de lui quand, à seize ans, je l'ai plaqué, moi la petite midinette qui avais choisi la seule idole de variété française récalcitrante, c'est lui qui m'a poussée à partir, lui encore qui m'a incitée à ne pas devenir idolâtre, lui enfin qui a attisé une petite flamme qui invite à goûter cette difficile liberté qui va de pair avec la solitude. Sur la berge déserte, je filme avec son téléphone portable Jean-Jacques Goldman qui chante pour moi *Il suffira d'un signe*. Un matin. Un matin tout tranquille. Et serein. Quelque chose d'infime. C'est certain. C'est écrit dans nos livres. En latin. Jean-Jacques en majuscules chante l'arrivée des temps messianiques mais moi je n'attends plus rien. Puisqu'il est là.

— Je vous envoie la vidéo tout à l'heure ? Et je vous laisse naviguer si vous voulez, mais vous ne tombez pas, je vous fais confiance ?

C'est promis.

— Alors rendez-vous à la projection ?

Jean-Jacques me serre la main, on se sourit, allez on s'embrasse sur les joues on ne risque rien, puis il s'éloigne, petite virgule d'éternité fuyante, et tandis qu'il devient de plus en plus petit, je sens mon jean-jacques en minuscules reprendre ses droits et recoller ses lettres sur son petit corps élastique, il est un peu changé cependant, un peu vieilli, un peu moins petit et un peu moins élastique, un peu moins bondissant lorsqu'il se réinstalle, plus tranquille, dans le creux de mon cœur, ouvrant volets et ventricules et les réchauffant de sa présence mûrie, chaleur un peu moins dodue mais toujours enjouée qui remonte le long de ma gorge et me fait pousser un cri de joie, mélodie courte et fulgurante, un ha ! puissant et bienheureux.

Figée par l'afflux chaud et joyeux, toute prise encore dans les mailles de ce souvenir-flambeau à peine éclos, je reste sur la berge quelques minutes, incapable de bouger. Naviguer, à quoi bon ? Je navigue déjà, et loin, et pour un moment encore. Mais voilà que je reconnais, près de la navette bleue abandonnée, la vieille malle vue au fond de l'eau. Rejetée par la mer au milieu des broussailles, elle trône, couvercle rabattu, digne malgré les algues poisseuses qui la coiffent en tous sens. Je m'en approche et, cette fois, déchiffre ses étiquettes. Séville, Lvov, Thessalonique, New York, Casablanca, Varsovie, Tibériade, Londres, Melbourne, Paris... Dans cette malle reposent tous les exils de mes ancêtres. Leurs périples, leurs espoirs, leurs arrachements, leurs larmes. Toutes leurs terres promises désenchantées. Porteuse d'amères souffrances que je n'ai jamais éprouvées, cette vieille valise m'avait rendu visite parfois, mais elle ne restait jamais bien longtemps, se faisait fuyante, peut-être s'ennuyait-elle en ma compagnie ou peut-être n'avait-elle pas confiance. Une photo, un récit, une lettre, une anecdote, ces vestiges du passé furtivement surgis de leur coffre semaient chaque fois en moi le désir d'en faire le récit, mais comment pouvais-je m'y prendre, moi qui n'avais pas d'histoire ? Comment raconter les périples de mes flamboyants ancêtres alors que je n'étais qu'une coquille vide ? Quel regard était possible, quel prisme narratif envisageable, si la narratrice n'existait pas ?...

La vieille malle se tient devant moi. Elle ne s'enfuit pas cette fois, mais reste, disponible, patiente, fidèle comme jamais. Pourquoi m'apparaît-elle maintenant ? Me trouve-t-elle brusquement moins ennuyeuse, plus fréquentable, plus divertissante peut-être ? Aurais-je à ce point changé à ses yeux ? Si sa présence est venue sceller ma quête et marquer mon début d'existence, dois-je en conclure qu'elle considère ma maigre histoire d'amour suffisante malgré tout pour m'incarner un peu ? Jean-Jacques aurait-il, en m'autorisant ce récit initial, joué les préambules magnifiques ? M'a-t-il délivré un deuxième acte de naissance et me suis-je, grâce à lui, tissé une seconde peau sous laquelle je me ferai passeuse de tous ces récits avant moi ?

La vieille malle souhaite rester ici, semble-t-elle me murmurer, je pourrai venir la voir quand je le souhaiterai. Quoi de mieux après tout qu'un coin de port oublié pour une vieille coquille pareille ? Sur ce bout de plage abandonnée, ce petit morceau d'exil à l'abri des regards, elle peut demeurer pour l'éternité, apaisée parmi les broussailles et les vieux bateaux rouillés.

D'un revers de main, j'ôte quelques algues du couvercle et laisse apparaître un endroit vierge de toute étiquette. Je sors de ma poche un sticker, que je colle sur la malle. « Marseille ville du pastis. » Mon petit exil à moi. Ma porte minuscule sur leurs grandes histoires.

Je quitte la petite friche. Je marche sans me retourner puis, arrivée à un coude, je m'arrête et regarde une dernière fois cet endroit qui fut un court instant le théâtre de mes songes. Et je distingue alors, flottant sans attaches, et sans personne à son bord, le pointu, je le reconnais, celui de Jean-Jacques, blanc, rouge et bleu, je l'ai mal amarré et le voilà qui dérive, alors je cours pour tenter de le ramener vers la berge mais il est déjà loin, porté par les courants, sa petite housse verte rabattue sur lui et qui le protège de la nuit et du froid. Tout autour, les lumières de la ville se sont allumées, sauf dans cette étroite baie creusée dans la roche obscure. Sur l'eau devenue miroir à cette heure crépusculaire, le pointu s'éloigne, paisible, porté par la fine houle ; et sur les plans courbes de sa coque, petit bout de bois de lune sous les étoiles, la nuit projette ses reflets pâles.

Je télécharge sur WeTransfer la vidéo envoyée par Jean-Jacques Goldman et la découvre, ivre et incrédule. Ainsi tout cela est arrivé, s'est joyeusement inscrit dans la réalité, et je peux me répéter à l'envi, et à l'infini devant ma glace, tel un Antoine Doinel étourdi de sa propre existence, que j'ai rencontré Jean-Jacques, en majuscules s'il vous plaît ; et je sais que longtemps je me repaîtrai de ce souvenir-là, comme on invoque une pluie bienfaisante les jours de canicule. La rencontre est filmée d'une traite, en un plan-séquence chaotique au début (lorsque le cadre tremble, et l'on croit entendre en arrière-plan chahuter mon jean-jacques), puis peu à peu l'image s'apaise et les majuscules s'imposent, majestueuses. Je déroule le reste de la scène et la laisse courir jusqu'à la fin de la chanson. Puis je reste quelques instants face à mon écran, sourire idiot aux lèvres. Il me faut à présent choisir le dernier plan de mon film.

17

Marseille

L'autre soir, en arrivant gare Saint-Charles, je suis montée dans un taxi dont le chauffeur fumait un stick. Après plus de sept ans dans cette ville, ce genre de détail ne me surprend plus. Marseille sent la *weed* à plein nez, et qui n'a pas descendu la Canebière un jeudi soir de printemps ne connaît pas l'odeur de la marie-jeanne. « *It smells like marijuana big time* », m'avait dit un ami britannique en arrivant dans la ville. Le Vieux-Port, quant à lui, sent le poisson pourri, comme le personnage à tête de hareng dans *Astérix*, qui laisse derrière lui une odeur âcre et poissonneuse. En journée, Marseille exhale aussi le béton chauffé à blanc par le soleil, les poubelles, les eaux sales, parfois la fleur d'oranger, mais jamais la mer et encore moins d'hypothétiques embruns.

Les embruns marseillais sont une espèce imaginaire que j'invoque en rêvant certains matins parisiens lorsque je prends la ligne 13, c'est dire mon niveau de désespoir.

Dans la voiture qui démarre, le chauffeur a beau être détendu, il est peu souriant, aussi je décide de vivre dangereusement et n'accroche pas ma ceinture. La fréquence est bloquée sur Radio Star, station préférée des taxis marseillais, et soudain j'entends sur les ondes *Pour que tu m'aimes encore*. À ce moment précis (il n'y a pas de hasard), un rai de lumière traverse ma vitre. *Pour que tu m'aimes encore*, cette chanson magique écrite et composée par Jean-Jacques pour Céline… Je sais, j'ai mentionné plus haut que je désavouais toutes les dérives commises par Jean-Jacques, entre autres avec la bruyante Céline, mais c'est faux : il m'arrive de l'écouter en cachette avec la même compulsion qu'une anorexique engloutissant un double cheese et un Coca. Et si je lui préfère de loin la version chantée par Jean-Jacques en concert, je ne boude pas mon plaisir à entendre dans ce *space* taxi-là la voix englobante de la grande Québécoise.

Il y a quelques mois encore, la céleste programmation m'aurait fait faire mille offrandes imaginaires à la providentielle puissance à l'origine de ce prodige. J'aurais glosé pendant des heures sur ce rai de lumière surgi miraculeusement dans l'habitacle au moment précis où la chanson commençait, j'aurais chéri cet instant où mon rêve enfoui se gravait non sans gloriole au cœur de la réalité. Et mon âme dansante se serait rapprochée du paradis.

Il y a quelques mois, une autre partie de moi-même aurait aussi déploré cette joie-là, honteuse et populaire, accablant au passage Marseille de tous les péchés. Ainsi, aurais-je pensé, voilà à quoi j'en suis réduite, à près de quarante-quatre ans, moi qui étais promise à écouler des jours parisiens parmi mes amis bobos et moustachus du 11e arrondissement, moi qui étais censée ricaner d'un air entendu en paraphrasant Xavier de La Porte les jours pairs, Aurélien Bellanger les jours impairs, voilà qu'aujourd'hui je me satisfais d'écouter Céline Dion dans un taxi marseillais et, pire encore, j'en jubile… J'aurais blâmé la ville, après tout, n'était-ce pas la faute de Marseille et de sa singulière faculté à transformer toute personne normalement constituée en supporter de foot à luette apparente ou en cagole à plates-formes vernies roses ? Et je me serais plainte d'être la preuve vivante de son insolite pouvoir de transformation : il m'aurait fallu sept années d'exil phocéen, sept ans à peine, pour arborer ostensiblement mon mauvais goût, avec la même fierté que la chagasse son décolleté en strass et sa French manucure inversée. J'aurais blâmé Marseille tout entière et jusqu'aux gabians du Vieux-Port.

Mais pas aujourd'hui.

Aujourd'hui je ne déteste plus Marseille. Je suis reconnaissante au contraire à la plus vieille cité de

France qui, en me faisant renouer avec jean-jacques et Jean-Jacques, m'a extirpée de ma bulle et reconnectée à une partie de moi-même qu'un des visages du bon goût m'avait obligée à enterrer – et je ne prône pas ici le triomphe de la médiocrité, mais le fait de ne pas oublier une part d'humanité plus sensible que chacun porte en soi.

Aujourd'hui je ne déteste plus les ados non plus. Je crois au fond qu'ils m'émeuvent, avec leur fougue, leur maladresse, leur mauvais goût. Et je pose sur l'adolescente un peu trop enflammée, un peu trop certaine et un peu fatigante que j'étais, un regard compassionnel que je n'espérais plus.

Aujourd'hui, en écoutant *Pour que tu m'aimes encore*, une joie tranquille flotte sur mes lèvres tandis que je retrouve un vieil ami. Un vieil ami dont je suis repue à force de l'avoir guetté, rêvé, inventé. Un vieil ami que j'ai rencontré de cette façon secrète, insolite et confidentielle. Et ce moment suspendu scelle entre nous un lien d'autant plus précieux qu'il s'effilochera, j'en ai la certitude, sous l'effet du temps, et le bonheur par-dessus. Aujourd'hui, je le sais, je ne souhaite que respirer l'odeur des figuiers et du jasmin à l'orée du printemps, et regarder la mer miroiter sa clarté au bras de mon doux compagnon et de ma fille aux mille éclats.

Et ça, c'est bon comme une chanson de Jean-Jacques Goldman.

18

Un film

La projection a lieu ce soir et tous les intéressés ont été conviés : les copains de la bande-annonce, Florence, Anna, Sébastien, Ada, Mia, Édouard, la sœur de la voisine de la copine de sa femme, et puis tous les autres, les kisskissbankers, mes parents, mon frère et sa compagne, Claudine, mes amis au vin rouge tannique, les cinq jean-jacques, Caroline, ma fille et O. Et bien sûr Jean-Jacques Goldman. À ma grande surprise, tout le monde a confirmé sa présence.

Sur l'écran d'une petite salle de cinéma marseillaise ouverte il y a peu, j'opère les ultimes essais de ma projection et vois mon film se dérouler sur près de cinquante mètres carrés de toile blanche. Aux trois quarts muettes, les séquences se succèdent, curieux patchwork, errances dorées, elliptiques souvent, parfois drôles, parfois non, décadrées, surexposées, maladroites, moins maladroites, mais sans artifice, et qui culminent en une rencontre étrange et inespérée en bordure d'exil. Le film s'intitule *jean-jacques* en lettres rondes et dodues et la bande-son pulse au son de ses chansons.

Il est dix-huit heures trente. À moins d'une heure de la projection, je m'installe dans la salle encore déserte. Et j'attends. J'attends de connaître le sentiment du chanteur et de mes amis sur cet hommage baroque, et très personnel j'en conviens, aux vrais airs d'egotrip. Et tandis que j'attends, j'attends encore. Et j'en profite un peu pour fredonner, sur la petite scène de mon cœur apaisé, quelques-unes de ses plus belles chansons.

Je remercie tout particulièrement Lauren Malka pour son enthousiasme et son aide précieuse ; mon compagnon Oren Soussan pour son acuité et sa patience infinies ; mon frère Marc Hazan pour sa foi en moi en toutes circonstances ; mon amie Anne Luthaud pour son regard attentif et ses mille et une lectures ; mes amis et premiers lecteurs dont les encouragements m'ont portée : Cécile et Matthieu Flory, Valérie de Minvielle, France Bourboulon-Lane, Laurence Decréau… Enfin un immense merci à mon éditrice Marie Eugène, pour sa confiance et son écoute délicate.

Crédits

p. 11, p. 95, p. 99
Je ne vous parlerai pas d'elle
Auteur-compositeur : Jean-Jacques Goldman
Éditeur : Universal Music Publishing MGB France

p. 21
Confidentiel
Auteur-compositeur : Jean-Jacques Goldman
Éditeur : Jean-Jacques Goldman éditions

p. 24
Pas toi
Auteur-compositeur : Jean-Jacques Goldman
Éditeur : Jean-Jacques Goldman éditions

p. 37, p. 89
Au bout de mes rêves
Auteur-compositeur : Jean-Jacques Goldman
Éditeur : Universal Music Publishing MGB France

p. 53
C'est ta chance
Auteur-compositeur : Jean-Jacques Goldman
Éditeur : Jean-Jacques éditions, Société Marc Lumbroso

p. 55
L'Orage
Auteur-compositeur : Georges Brassens
Éditeur : 57 SARL

p. 56
Minoritaire
Auteur-compositeur : Jean-Jacques Goldman
Éditeur : Universal Music Publishing MGB France

p. 58, p. 201
On ira
Auteur-compositeur : Jean-Jacques Goldman
Éditeur : Jean-Jacques Goldman éditions

p. 68, p. 69, p. 118, p. 219, p. 220
Il suffira d'un signe
Auteur-compositeur : Jean-Jacques Goldman
Éditeur : Universal Music Publishing MGB France

p. 72
Autre histoire
Auteur-compositeur : Jean-Jacques Goldman
Éditeur : Universal Music Publishing MGB France

p. 83, p. 85
Puisque tu pars
Auteur-compositeur : Jean-Jacques Goldman
Éditeur : Jean-Jacques Goldman éditions

p. 85
Famille
Auteur-compositeur : Jean-Jacques Goldman
Éditeur : Jean-Jacques Goldman éditions

p. 85, p. 153, p. 156, p. 167, p. 171, p. 226, p. 228
Pour que tu m'aimes encore
Auteur-compositeur : Jean-Jacques Goldman
Éditeur : Sony ATV Music Publishing France, Jean-Jacques Goldman éditions

p. 91
Parler de ma vie
Auteur-compositeur : Jean-Jacques Goldman
Éditeur : Jean-Jacques Goldman éditions

p. 96
Là-bas
Auteur-compositeur : Jean-Jacques Goldman
Éditeur : Jean-Jacques éditions, Société Marc Lumbroso

p. 135
Veiller tard
Auteur-compositeur : Jean-Jacques Goldman
Éditeur : Universal Music Publishing MGB France

p. 163, p. 194
Ton autre chemin
Auteur-compositeur : Jean-Jacques Goldman
Éditeur : Jean-Jacques Goldman éditions

p. 173
Né en 17 à Leidenstadt
Auteur-compositeur : Jean-Jacques Goldman
Éditeur : Jean-Jacques Goldman éditions

p. 196, p. 206
Je marche seul
Auteur-compositeur : Jean-Jacques Goldman
Éditeur : Jean-Jacques Goldman éditions

Composé et édité par HarperCollins France.

Achevé d'imprimer en décembre 2020.

FIRMIN-DIDOT

à Mesnil-sur-l'Estrée (Eure)

Dépôt légal : janvier 2021.

Pour limiter l'empreinte environnementale de ses livres, HarperCollins France s'engage à n'utiliser que du papier fabriqué à partir de bois provenant de forêts gérées durablement et de manière responsable.

Imprimé en France